BIBLIOTHÈQUE DE SYNTHÈSE PHILOSOPHIQUE

PAUL RICHARD

Les Dieux

PARIS
LIBRAIRIE FISCHBACHER
(Société anonyme)
33, rue de seine, 33
—
1914

Tous droits réservés.

Les Dieux

Bibliothèque de Synthèse Philosophique

DU MÊME AUTEUR

L'Ether Vivant.

EN PRÉPARATION :

Le Pourquoi des Mondes.

Les Routes de l'Inconnu.

EN COLLABORATION :

Les Paroles Eternelles (uniquement composé de text empruntés à tous les sages de l'Humanité).

BIBLIOTHÈQUE DE SYNTHÈSE PHILOSOPHIQUE

PAUL RICHARD

Les Dieux

PARIS
LIBRAIRIE FISCHBACHER
(Société Anonyme)
33, RUE DE SEINE, 33
—
1911
Tous droits réservés.

LES DIEUX

> C'est pourquoi les Dieux n'aiment pas que les hommes sachent cela...
>
> UPANISHAD DU GRAND ARANYAKA.

LES DIEUX

INTRODUCTION

Vers la lumière. — Les formes progressives de la connaissance. — Les deux chemins de la pensée : expérimentation rationnelle et expérience mystique. — La méthode de connaissance intégrale : synthèse du réalisme intuitif. — Les conditions essentielles de la croissance intellectuelle. — L'impersonnalité mentale. — L'idée pure et ses apparences. — Application de la méthode synthétique à l'étude de la notion fondamentale de Dieu. — L'importance de cette notion, formule des rapports suprêmes. — Le renouvellement nécessaire des assises de la pensée.

Partout où se trouve l'homme s'allument des clartés dans la nuit. A ces clartés se reconnaissent au loin ses demeures, cités ou chaumières perdues. Et la lumière qu'il fait briller autour de lui témoigne de celle qui brille en lui. Elle le révèle ; elle est le signe de sa royauté, l'emblème de l'Intelligence.

Car si l'homme partage avec tous les êtres l'empire de la terre, de l'eau, de l'air, lui seul est gardien de la flamme, maître du feu.

C'est pourquoi le feu, ce serviteur de ses besoins et de ses progrès, ce bon génie de ses conquêtes, ce grand témoin de son génie, le feu qui réchauffe comme l'amour, qui éclaire comme l'esprit, symbolisa toujours le don suprême de la connaissance. Car la connaissance, ainsi que le feu, purifie en illuminant.

Mais puisque les clartés qui montent de la terre affirment qu'une intelligence l'habite, pourquoi toutes les lumières des cieux aussi n'indiqueraient-elles point d'autres demeures, d'autres royaumes de l'esprit ?

Si chaque rayonnement dans l'immensité, illumination du jour ou lueur d'étoile, manifeste pour nous que l'univers entier est intelligence, alors qui peut s'interposer entre l'homme et les infinis ?

Dans la lumière tout communie, la pensée de l'homme et celle des mondes, l'esprit des êtres et celui des choses, des hauteurs et des profondeurs, de l'éphémère et de l'éternel ; car tout est esprit.

Par cette communion, de jour en jour, de siècle en siècle, d'âge en âge, croît la connaissance.

L'outil de cette connaissance, l'intelligence des choses, est en nous ; il n'est devant elle point de limite et tout par elle nous est possible.

Car tous les domaines lui sont ouverts; ceux de la surface et de la profondeur, ceux des mondes intérieurs, des intimes réalités, et ceux des choses du dehors, des apparences extérieures.

C'est pourquoi, depuis l'origine, la pensée de l'homme scruta ces deux univers.

Elle les confondit tout d'abord dans son infirmité première, comme le fait l'enfant lorsque l'imprécision de son rêve se mêle à son observation imparfaite des réalités. Et ce fut l'enfance mythique de la pensée.

Mais à mesure qu'une intuition plus profonde et moins obscure se développait, à mesure qu'une étude plus attentive de la nature permettait à l'esprit de discerner de façon plus précise les rapports des choses, les deux domaines de la connaissance, d'abord unis, se distinguèrent l'un de l'autre, puis finirent par s'opposer.

Ainsi, la science et la religion, ces sœurs jumelles, furent en naissant séparées.

C'est alors que s'ouvrirent les voies divergentes de la connaissance et que s'accomplit le divorce de la pensée.

Il y eut, d'un côté, les hommes de la recherche physique, de l'investigation matérielle, de l'expérimentation positive, et, de l'autre, les inspirés de la vie profonde, les prophètes de l'invisible, les hommes de la contemplation intérieure.

Il en fut aussi, et dans tous les temps, qui, par la pratique des deux méthodes opposées, voulurent à la fois découvrir autour d'eux les choses, et au dedans d'eux-mêmes la loi de ces choses. On les nomma les philosophes.

Mais le plus souvent les sciences qu'ils possédaient étant imparfaites et les moyens d'observation rigoureuse leur faisant défaut, ils durent construire de toutes pièces des systèmes abstraits de pensées qui ne répondaient point aux réalités objectives. Et l'on nomma cela la métaphysique.

A cause de l'insuffisance de leur tentative, beaucoup crurent que mieux valait limiter à un seul les champs de conquête de la pensée, et pour l'obliger à se concentrer sur celui des phénomènes extérieurs, ils l'y enchaînèrent. Ce fut là ce que l'on appela le positivisme.

Ce positivisme a rendu, certes, à la pensée moderne, le très grand service de la mettre à l'abri des entreprises intéressées, en dressant autour d'elle, sur le terrain solide de l'expérimentation rationnelle, les barrières de la défiance intellectuelle.

Mais, sans le vouloir, il a rendu un service plus grand encore à la religion. Car en limitant, ainsi qu'il l'a fait, le domaine de la connaissance, il a laissé le mysticisme régner en maître incontesté sur tous les autres domaines universels.

Dès lors, chaque fois qu'un esprit veut s'aventurer dans le champ immense qui de tous côtés borne les horizons scientifiques, la religion se présente à lui comme son seul guide compétent et autorisé.

Et nous nous trouvons placés aujourd'hui entre les négations brutales de la science à l'égard de tout ce qu'elle se refuse à connaître, et les faciles affirmations de la religion au sujet de ce qu'elle ne connaît pas davantage.

D'un côté, c'est l'insuffisance d'un mysticisme fait d'émotion systématisée, c'est l'intuition trop imparfaite de rapports profonds rattachant l'être humain à des réalités ignorées de lui.

Et plus ces réalités demeurent à ses yeux imprécises, plus leur mystère est impénétrable pour lui, plus aussi sa foi religieuse augmente d'intensité. C'est dans la mesure où il connaît moins qu'il est impressionné davantage. Il adore ce qui l'éblouit, et toute intellectualisation progressive diminue sa ferveur en même temps que son vertige.

D'autre part, c'est la sécheresse d'un rationalisme satisfait de lui et fermant les yeux désormais devant le mystère toujours aussi grand dont il n'a fait, en l'éloignant, qu'élargir le cercle. C'est l'illusion d'une science qui prétend expliquer le monde sans sortir des limites de l'ordre matériel.

Mais comment pourrait-elle ainsi expliquer même un seul des phénomènes matériels ? Les rapports qui les lient entre eux sont des rapports de concomitance et non pas de causalité. Expliquer chacun de ces phénomènes par d'autres, c'est en faisant le tour du monde phénoménal, définir tous ses éléments les uns par les autres, c'est-à-dire, en fin d'analyse, chacun par lui-même.

L'esprit n'y peut trouver grand profit, et son pouvoir de connaissance ne se borne point à cela.

Les choses, en effet, ne sauraient s'expliquer par elles-mêmes et par elles seules ; elles s'expliquent par d'autres choses appartenant à d'autres domaines plus transcendants, et ainsi jusqu'à l'infini.

Connaître c'est passer successivement de l'un de ces domaines à l'autre, et sans doute l'esprit ne peut aller bien loin dans cette voie vers les origines, mais il suffit qu'il y ait fait deux ou trois pas pour comprendre que l'univers n'est point une accumulation de formes et de rapports, comme un désert est l'accumulation des grains de sable ; qu'il est le vivant infini, impensable dans son essence, qui se manifeste et se réalise, à travers des états progressifs de substance, jusqu'à ce monde des formes sensibles que nous connaissons.

Bien vaines seraient donc les tentatives du rationalisme moderne pour limiter, ainsi qu'il prétend, les horizons de l'esprit humain.

Quelle est, en effet, la science, même parmi les plus positives, qui, soucieuse d'aller toujours aussi loin qu'elle peut vers sa limite propre, n'y découvre de nouveaux sujets de vertige et de nouveaux rivages de mystique contemplation ?

Ainsi les deux chemins que suit l'intelligence se rejoignent au terme de leurs courbes contraires ; et les tendances les plus opposées convergent vers les mêmes fins.

Sans le savoir, la science et la religion progressent l'une vers l'autre en gravissant certains sommets. Après s'être perdues de vue si longtemps, elles hésitent, certes, à se reconnaître, à se rapprocher ; mais il est un moment où il faut bien qu'elles s'unissent, à moins de s'arrêter dans leur ascension. Et quand elles confondent leurs objectifs particuliers dans une observation plus intégrale des réalités, alors l'esprit apprend à connaître la vanité de ses croyances comme aussi de ses négations.

La croyance, c'est la paresse de l'intelligence qui ne veut pas suivre le cœur dans son expérience profonde.

Mais la négation n'est-ce point aussi la paresse du cœur refusant d'éveiller ses facultés intimes, d'exercer ses organes propres de perception ?

Lorsque cette double paresse est vaincue, à l'une et à l'autre forme de l'ignorance succède la vraie connaissance, progressive, équilibrée, intégrale.

Entre les prétentions contraires de ces deux faiblesses de la pensée, entre les escarpements opposés des deux rives où se cantonne l'esprit humain, l'abîme est aujourd'hui plus large et profond qu'il ne fut jamais ; mais plus il est profond et plus il est large, plus vaste aussi et plus haute sera la synthèse capable d'unir et d'harmoniser les points de vue antagonistes.

Cette synthèse est celle d'un réalisme intuitif, à la fois rationnel et transcendantal, capable de mettre au service de la connaissance tous les moyens intérieurs et extérieurs d'investigation que possède l'homme intégral.

Nul penseur ne peut la construire s'il ne dispose de tous les matériaux que fournissent les diverses disciplines scientifiques, mais nul savant non plus s'il ne s'élève au-dessus de sa documentation objective.

Il faut tout apprendre d'abord de ce qu'enseignent les phénomènes de la nature ; mais il faut ensuite tout oublier et regarder cette nature avec le regard d'un enfant.

Il faut que la pensée, après avoir reçu tous les apports possibles de l'érudition, se refasse vierge et contemple le monde comme si, pour la première fois, il venait de lui apparaître, comme s'il était un monde nouveau.

Il faut que l'esprit éprouve, en présence de l'infinie réalité, cette confiance ingénue du petit enfant assis sur les genoux de sa mère ; et comme il sent qu'elle est toute à lui et que rien ne lui manque auprès d'elle, il faut que l'homme sente aussi que rien dans l'immense inconnu ne lui est étranger, qu'aucune possibilité du savoir ne lui est interdite. Car il porte en lui-même l'image de toute chose.

Ainsi se purifiera sa vision et s'éclairera pour lui le miroir intime où tout l'univers se reflète.

Avant de retrouver cette fraîcheur de l'âme, cette virginité de l'esprit, le penseur doit franchir deux grandes étapes intellectuelles.

Au premier stade de la connaissance, les hommes se chargent de lourds fardeaux pour construire les édifices d'où plus jamais ils ne sortiront. C'est, en somme, le stade auquel s'arrêtent volontiers nos penseurs modernes les mieux posés, les plus positifs.

Le second est celui des hommes hardis, toujours affamés de progrès, qui, pour se libérer, détruisent ce que les autres avaient construit.

Mais au delà se trouve le stade merveilleux de l'enfant, c'est-à-dire celui de la naissance perpétuelle et de la croissance ininterrompue vers la connaissance toujours reconstruite.

L'enfant, c'est la synthèse qui grandit sans cesse, c'est tout le passé qui se résume dans un présent en marche vers l'avenir, la limite toujours franchie en vue de progressions nouvelles; mais n'est-ce point aussi le sacrifice constant de ce qui fut à ce qui doit être, l'incessant abandon de l'être à la vie.

Croître n'est-ce pas accepter tout d'abord de perdre afin de gagner davantage, de se dépouiller afin d'être renouvelé ?

Or, cette loi de toute vie s'applique à l'intelligence. Dans son domaine, comme en tout autre, le sacrifice est à la base du progrès vers la perfection.

C'est pourquoi le feu symbolise à la fois l'intelligence et le sacrifice : il ne rend rayonnant que ce qu'il consume.

Il faut donc que l'intelligence apprenne le renoncement, qu'elle soit toujours prête à abandonner l'édifice où elle s'abrite, le système de ses idées, pour le rebâtir à nouveau ; car chaque élément de plus que lui apporte la connaissance, exige le remaniement de tout l'ordre établi en elle, la reconstruction d'une synthèse plus compréhensive.

S'il ne veut pas rester dans l'état stagnant du satisfait intellectuel, à quelque degré qu'il soit parvenu, il faut que le penseur, en présence de la réalité infinie, accepte, s'il est nécessaire, le sacrifice de tout ce qu'il a pour acquérir ne fût-ce qu'un peu plus de lumière.

Plus que toute autre chose, cette attitude le préparera à ce détachement absolu, à ce parfait désintéressement de la pensée qui, pas à pas, la conduira vers la Sagesse.

Pour atteindre à cette Sagesse, il faut que

la pensée se fasse impersonnelle, qu'elle soit insensible aux préférences de la sensation et du sentiment, qu'elle plane, sereine et libre, par-dessus nos enthousiasmes faciles, nos désirs ou nos répugnances, nos intérêts et nos habitudes, par-dessus même ce qui nous paraît être le bien et le mal.

Car, sans cela, comment pourrions-nous jamais discerner les réalités qui se cachent derrière ces apparences que nous nommons le bien et le mal? Et ne faut-il pas avoir connu tout d'abord ces réalités pour pouvoir reconnaître ensuite, dans le monde des formes où elles se traduisent, ce qu'est le bien et ce qu'est le mal, ce qu'ils sont l'un pour l'autre, comment ils peuvent se transmuer l'un dans l'autre?

Une des formes du désintéressement de l'esprit, une des conditions de sa clairvoyance est cette impartialité souveraine qui, lui faisant aimer l'idée pour elle-même, l'accoutume à la reconnaître en toute forme qu'elle prend, sans se laisser abuser par aucune d'elles. Car le vrai penseur n'a point égard aux artifices qui l'accréditent, au prestige des autorités qui la recommandent, aux vaines séductions par quoi elle s'impose à la foule.

Ce n'est point la parole du maître, la célébrité de l'école, du livre, de la tradition, ou la faveur des circonstances qui la lui font apprécier. Il l'accueille d'où qu'elle vienne. La consécration officielle de l'assemblée la plus illustre, du concile le plus fameux, n'ajoute rien pour lui à la valeur propre de cette idée, ni ne l'amoindrit d'ailleurs à ses yeux ; car il la regarde elle seule, et pour la voir telle qu'elle est, il fait abstraction de ce qui l'entoure.

Qu'elle apparaisse au sein du merveilleux décor d'une surnaturelle révélation, ou qu'elle s'exprime avec pauvreté par la bouche d'un ignorant, son respect pour elle demeure le même, et c'est avec une égale rectitude que son regard projette sur elle sa clarté sereine.

Nul n'a compris une pensée s'il ne sait la reconnaître sous les symboles les plus divers des langages, des doctrines, des croyances qui la traduisent. Et parfois ce n'est qu'après s'être familiarisé successivement avec ses formes les plus variées et ses traductions les plus disparates, qu'il en acquiert l'intelligence véritable.

Comment, d'ailleurs, l'idée vivante, complexe, subtile, pourrait-elle se révéler toute en une seule de nos synthèses verbales, en une seule de nos définitions théoriques? Il faut toutes les religions, tous les dogmes, toutes les morales, toutes les philosophies, tous les enseignements de tous les maîtres pour fournir à l'idée les éléments multiples de son intégrale manifestation.

Chaque doctrine exprime d'elle quelque chose de plus, quelque chose de moins aussi que toutes les autres. Et si nous voulons qu'elle vive tout entière avec ses puissances et ses splendeurs dans notre cerveau, il faut y rassembler patiemment, attentivement, intelligemment les éléments essentiels, les multiples formules qui lui servent d'organes matériels. Car l'idée n'habite un cerveau que lorsqu'elle y trouve, ainsi qu'un hôte bien-aimé, les objets nécessaires à son service; c'est-à-dire l'intelligence même de toutes les formes qu'elle est capable de revêtir.

Pour se mouvoir en nous, il lui faut tout le champ de ces libres formes dont aucune n'est suffisante pour la retenir, mais qui toutes sont nécessaires pour qu'elle soit manifestée.

Pour les souverains de la terre on prépare partout où ils vont des palais de marbre.

Mais quels sont les hommes qui savent préparer les palais intellectuels et les temples intérieurs pour ces souveraines de tous les mondes que sont les grandes pensées.

Leurs temples sont ceux que construisent en nous le silence et la solitude. Et non pas la solitude apparente, car le désert même n'en saurait fournir à celui qui ne sait pas la trouver en lui, mais intime, profonde, réelle ; et non pas le silence extérieur, illusoire et momentané, mais le silence vrai, permanent, intégral.

Faisant taire tous les bruits et toutes les voix du dehors, le vrai penseur pénètre dans les solitudes intérieures afin d'écouter les voix du silence qui sont des voix de vérité, afin de regarder la vérité face à face.

Et l'ayant regardée ainsi, il saura désormais la voir partout où elle se trouve, la retrouver partout où elle se cache, la reconnaître sous tous les voiles, sous toutes les erreurs même qui la dissimulent.

C'est pourquoi celui qui marche dans la vérité ne peut être troublé par aucune erreur, car il sait que l'erreur n'est le plus souvent qu'un premier effort de la vie vers le vrai.

La vérité que cherchent les hommes est comme l'or qu'il faut découvrir sous le sable.

On peut la reconnaître à travers toute chose,

mais pour la recueillir en chacune, il faut ne la mépriser en aucune. Il n'est pas une apparence qui ne la voile devant celui qui lui préfère sa propre pensée ; mais elle resplendit partout pour qui l'aime par-dessus tout. Et celui-là seul qui réunit en faisceau ses rayons épars, elle l'illumine.

Le vrai penseur ne choisit donc pas entre la thèse et son antithèse : il va de synthèse en synthèse aussi loin que ses forces le lui permettent.

Et pour cela, voici l'un des exercices les plus pratiques auquel il puisse s'appliquer s'il veut à la fois élargir et approfondir progressivement le champ de ses activités mentales.

En présence de toute pensée formulée, il appellera la pensée la plus opposée, et, les contradictoires étant ainsi bien établis, il s'efforcera de les unir synthétiquement pour les transformer en complémentaires.

Ceci n'a, certes, rien d'inédit, mais ce n'est

qu'un premier degré. Il s'agit maintenant, la synthèse étant faite, de la prendre à son tour comme une simple thèse et de rechercher une nouvelle antithèse à lui opposer. Cela fait, si l'on réussit à découvrir et à formuler le rapport le plus compréhensif qui les concilie, cette synthèse au second degré conduira l'esprit vers des généralisations remarquables.

Peu nombreux sont ceux dont les horizons ordinaires s'étendent plus loin.

Celui qui veut pousser l'exercice jusqu'à son troisième ou à son quatrième degré, devra entrer progressivement dans des méditations de plus en plus profondes, et ouvrir en lui-même, l'une après l'autre, les portes secrètes de la connaissance.

Ceci l'amènera nécessairement à développer des facultés ignorées, appropriées à chacun des domaines de sa découverte.

Ainsi, à la connaissance extérieure des choses et aux moyens d'expérimentation superficielle, il unira la connaissance de plus en plus interne des causes et les disciplines d'introspection méthodique, d'investigation intuitive.

C'est cette méthode que nous allons tâcher d'appliquer à l'étude des réalités les plus centrales de l'univers, à l'examen de la notion la plus haute que l'esprit humain ait conçue et d'où découlent, consciemment ou non, toutes les autres.

Dans la grande cité des constructions humaines, chaque édifice, palais, temple ou masure, appuie sa base particulière sur une assise commune de sable ou de roc.

Les institutions, les cultes, les mœurs, les routines d'un temps, d'une race, ainsi que ses sciences et sa philosophie, reposent toutes sur une pensée.

Cette pensée, consciente seulement en quelques cerveaux, est celle du rapport le plus général régissant tous les rapports des hommes entre eux. Elle est la notion plus ou moins confuse de la loi d'ordre universel d'où dérivent tous les principes constructeurs de la vie sociale et individuelle.

Quand cette notion se traduit en une formule acceptée de tous, un certain ordre s'établit, fondé sur une commune croyance, jusqu'au jour où des intuitions plus profondes, des moyens de connaissance plus rationnels, ébranlent ce fondement.

Alors l'une après l'autre toutes les constructions sont menacées de ruine. Et les hommes gémissent, sans se douter que si tant de choses auxquelles ils avaient attaché leur effort se perdent, c'est que le sens de la vie lui-même est perdu pour eux.

Et jusqu'à ce qu'une formule nouvelle leur en soit donnée, ils errent parmi les décombres, à travers le chantier des choses futures dont ils ne peuvent plus reconnaître les matériaux.

Pour la plupart des hommes de notre temps et de notre race, comme aussi sans doute de toutes les races et de tous les temps, c'est dans la notion de Dieu que se formula le rapport profond reliant les êtres entre eux et chacun d'eux à l'universel.

C'est cette notion qui forma l'assise sur laquelle tous les édifices se sont construits.

Aujourd'hui tous s'écroulent car elle-même se trouve impuissante à les soutenir.

Et beaucoup la sentant caduque ont tenté de reconstruire sans elle. Mais à la place du vieux fondement ils n'ont laissé qu'un vide profond. Ce n'est point sur ce vide que l'on peut bâtir. Il faut d'abord, à cette même profondeur, fonder une assise nouvelle.

Si l'on n'a rencontré, là où l'on espérait le roc, qu'argile et sable mouvant, il faut à travers le sable et l'argile creuser jusqu'à ce que l'on touche le roc.

Et puisque le principe, le rapport universel sur lequel tous les autres s'assurent et s'étagent, n'a pu trouver dans la traditionnelle notion de Dieu qu'une expression fragile et partant éphémère, il faut désormais que, par un effort courageux, l'esprit sache découvrir en lui-même des profondeurs de pensées nouvelles.

A la faveur de l'obscurité qui règne encore dans ces profondeurs, chaque ignorance et chaque intérêt y allume la lampe fumeuse dont la pâle clarté épaissit la nuit autour d'elle.

Trop de fanaux contradictoires s'y agitent, augmentant l'incertitude de la découverte.

Il faut que l'intelligence paisible, assurée, exempte de crainte, désintéressée, y pénètre pour l'illuminer.

Il faut qu'un feu soit allumé sur la terre, dissipant les ombres de l'illusion, éclairant au regard de l'homme tout ce qui le trouble, tout ce qui le trompe et tout ce qui veille sur lui ; ou plutôt, éclairant ce regard lui-même afin qu'il contemple, à travers les choses, par delà les Dieux...

Que chacun allume en soi-même le flambeau qui ne s'éteint point !

Juin 1912.

PREMIÈRE PARTIE

Connais-toi toi-même et tu connaîtras l'Univers et les Dieux.

Inscription du temple de Delphes.

Tout est plein de Dieux.

THALÈS.

Il existe réellement plusieurs Dieux et plusieurs Seigneurs.

SAINT PAUL.

PREMIÈRE PARTIE

I

Le Dieu des Bêtes

Les équivalents de la notion de Dieu chez les animaux. — L'idée du maître chez nos familiers. — Dévotion et athéisme des bêtes. — Le génie de l'espèce.

Dans son poème intitulé « Dieu », Victor Hugo nous montre l'esprit en quête du divin, interrogeant d'abord l'aigle et le hibou symboliques, la mouche elle-même, avant d'interroger l'archange, l'étoile et enfin la mort.

Peut-être eût-il été plus profitable à cet esprit d'interroger simplement la vie ou de s'interroger lui-même. Comment la mort connaîtrait-elle mieux que la vie ce qui fait vivre, et si l'esprit ne peut se répondre à lui-même, qui donc pourra lui faire entendre quoi que ce soit?

Pourtant, s'adresser à l'oiseau, à la mouche, au ver lui-même, pour apprendre ce qu'est le divin, cela n'est ni banal, ni dénué peut-être d'utilité.

Et si nous tentions ici de le faire, il serait injuste de nous taxer, sans examen, d'impertinence; car rien ne saurait être plus respectueux que de chercher trace du plus grand même en ce qui est le plus petit.

La psychologie ne vient-elle pas d'ailleurs de découvrir qu'il n'était point sans intérêt, pour l'intelligence de la vie psychique des hommes, d'en étudier les racines et les premiers linéaments dans l'activité mentale des bêtes.

Pourquoi l'étude de l'idée de Dieu ne bénéficierait-elle pas de cette méthode nouvelle? Et faute de pouvoir ouvrir une enquête objective, pourquoi ne pas tâcher de concevoir et d'imaginer ce que peut être dans l'animal sinon l'idée de Dieu, du moins l'analogue correspondant de sa notion rudimentaire.

Si chez l'homme l'idée de Dieu est généralement celle d'un plus grand que lui, il doit en être le plus souvent de même chez les animaux.

Essayez donc d'interroger, si vous comprenez leur langage, l'un de ces familiers dont nous ne savons pas apprécier assez l'âme naïve et confiante, le chat, le cheval, l'éléphant et le chien surtout, car sa fidélité pourrait souvent nous servir d'exemple. Pour comprendre quel est son Dieu, regardons-le flairer la terre ou le vent du ciel, inquiet jusqu'à ce qu'il ait retrouvé la trace du maître ; dès qu'il l'aura rejoint, toute son attitude alors nous dira que son Dieu c'est l'homme. Et le chien n'est pas le seul qui réponde ainsi. Il est des exemples inattendus de piété des animaux les moins réputés envers l'homme.

On raconte qu'un porc, sur le point d'être mis à mort, se défendait si désespérément qu'il renversait tous ceux qui tentaient de le maintenir. On dut aller chercher à la ferme voisine le valet qui l'avait nourri jusque-là. A sa vue le porc se soumit et se laissa égorger par lui fort docilement.

Un tel exemple est-il sans rapport avec celui que donnèrent tant de fanatiques capables de vendre chèrement leur vie et qui d'eux-mêmes se couchaient devant le char de leur idole afin de mourir écrasés par elle.

Et n'y a-t-il point quelque ressemblance entre tel croyant qui, comme Job, bénit la main du Dieu qui le frappe dans ses affections, ses richesses, son honneur, sa vie même, et le chien qui lèche le bâton du maître quand celui-ci vient de le frapper, et même, selon un exemple fréquemment cité, la main du chirurgien vivisecteur qui le torture.

Il n'y a certes point là de quoi nous enorgueillir !

Cet amour, ce culte exclusif du chien pour son maître, ne rappellent-ils pas l'amour et le culte non moins exclusif du fidèle, toujours prêt à reconnaître un ennemi dans le Dieu d'autrui. L'aboiement du premier vaut bien l'anathème de l'autre.

Pour l'animal dévot de son maître, l'athée véritable sera donc la bête sauvage et barbare qui n'ayant point de maître et vivant loin de l'homme ne le tiendra point pour son Dieu; à moins que ce ne soit celui qui l'ayant, au contraire, vu et étudié de trop près se refusera à lui reconnaître les qualités de l'animal supérieur.

Pour cet athée lui-même, peut-être, s'il n'existe point de Dieu qu'il puisse ou qu'il veuille adorer, sans doute existera-t-il toutefois bien des démons qu'il devra craindre ; et bien souvent l'homme deviendra pour lui un de ces démons, au même titre que les plus voraces de ses ennemis.

Il est vraisemblable que pour la majeure partie de l'innombrable animalité toute idée religieuse est faite de terreur, toute pensée du plus grand que soi remplie de l'image effroyable du monstre qui guette et dévore.

N'est-ce pas d'ailleurs la même terreur qui le plus souvent inspire chez l'homme le sens religieux. Et n'est-elle pas fondée si l'on pense à quel point il est juste que ses dieux soient pour lui ce qu'il est lui-même pour les êtres placés au-dessous de lui.

Cependant, n'existe-t-il point, même pour les animaux, une divinité véritable ?

Et comment nommer autrement ce génie de l'espèce dont parlent les poètes, cette intelligence mystérieuse et collective sans laquelle on ne saurait expliquer aucune des merveilles de l'instinct des bêtes et de leurs industrieuses cités.

Mais l'animal ne peut avoir de cette divinité d'autre conscience que celle qu'il a de lui-même, car elle se confond avec l'effort spontané de sa vie. Et son ignorance est le germe de celle que nourrit l'homme à l'égard du Dieu qui vit au dedans de lui.

II

L'Impensable divin

La théologie du plus grand. — L'idée du créateur et celle de l'incréé. — La vie créatrice. — L'infini des valeurs croissantes et des relativités progressives. — Les marges de l'inconnaissable. — L'impersonnel divin et l'essence impensable. — Le moi inconnu. — Les vaines adorations. — Le choix d'un Dieu.

L'homme, divinisé par un certain nombre de moindres bêtes, leur a de deux façons rendu la politesse. Car il a, à son tour, adoré fort souvent, par symbolisme dévoyé, certains animaux, choisis même parfois parmi les moins recommandables.

Mais il a surtout, à leur exemple, conçu son Dieu sous la forme d'un maître plus grand, plus puissant, plus habile, pas toujours plus juste.

Si les quadrupèdes que nous adoptons fondent probablement leur admiration pour les hommes sur le fait que ceux-ci fabriquent d'étonnants objets, des maisons où ils sont admis, des toits fort commodes où l'on s'abrite, d'étranges feux qui brillent la nuit et vous réchauffent quand il fait froid ; à son tour, la piété des hommes envers leur Dieu est, le plus souvent, faite d'un émerveillement de ce genre en présence des choses qu'ils lui attribuent parce qu'eux-mêmes ne peuvent les faire.

C'est pourquoi leur Dieu est ordinairement célébré comme ayant créé les cieux et la terre.

Or, que sont les cieux et qu'est-ce que la terre ?

... Une molécule organique contient en elle des millions d'atomes ; et la physique moderne nous a appris qu'un atome à son tour contient des milliers de corpuscules mouvants, et représente tout un système solaire en petit.

Une molécule organique c'est donc tout un vaste univers aussi peuplé de mondes que le firmament; en elle se trouvent aussi des cieux et une terre. Et qui donc a créé cette molécule organique ? La vie d'un être grand ou petit, la vie d'un insecte ou bien d'une mousse. Et cette vie c'est donc cela qu'on appelle Dieu ? Alors pourquoi ne pas dire simplement : la vie.

Sans doute s'il était un monde fini qu'un geste ou une parole eût de toutes pièces formé, l'être mystérieux de ce geste, de cette parole, serait bien véritablement le Dieu que les religions ont conçu. Mais où est ce monde fini ? Et comment concevoir même qu'il puisse être, alors que si nous nous penchons jusqu'à l'infime grain de poussière, nous pouvons contempler en lui, comme en chaque point matériel de l'espace, l'infini sans fond de tous les états de substantialité décroissante, de tous les ordres de réalités et de relativités successifs.

Et si nous élevons notre pensée jusqu'à lui faire embrasser l'ensemble des mondes visibles qui peuplent l'espace, nous pouvons constater que si nombreux et vastes soient-ils, ils peuvent cependant se réduire pour elle à n'être encore que les composants d'un atome, d'un seul atome du plus grand tout, et cela sans qu'il y ait jamais de limite à cet accroissement de valeurs transcendantes.

Dans l'ordre du temps, non plus, point de bornes. Il semble à l'examen superficiel que les termes de succession qui forment le temps ne puissent être sans un premier commencement dans le passé, faute de quoi nous tomberions dans la contradiction du nombre à la fois infini et réalisé. Mais si le temps, tel que nous le concevons, tel que nous le connaissons, est bien né, en effet, des deux premiers termes d'une succession, le premier de ces termes existait donc avant le temps ; il appartenait à une série autre que celle du temps ; et ainsi de suite indéfiniment dans le passé sans borne et sans fond, où, comme dans l'espace, tous les ordres de réalité, de relativité se superposent à l'infini, se servant de support, d'origine et de substratum l'un à l'autre.

Hors de cela, il n'est point de place pour Dieu. Cela c'est le seul Dieu qui puisse être conçu, c'est la seule réalité qui soit au delà et au centre de toutes les autres, la seule aussi dont il soit permis de ne pas douter.

Certes, on peut se demander, et cette question restera toujours sans réponse : pourquoi y a-t-il quelque chose plutôt que rien ? Car il pourrait ne rien y avoir. Mais comment douter que quelque chose soit, comment ne pas dire que ce qui est c'est l'être, l'existence, la vie, la vie incréée, infinie, éternelle et universelle.

※

Il faut apprendre que tout ce qui est est vivant, qu'il n'est point une chose, si obscure, si froide, si inerte, si morte soit-elle, qui ne soit l'expression, la manifestation d'un ordre et d'un mode de vie.

Notre chimie saura bientôt que les métaux vivent. Et parce qu'une pierre détachée du rocher n'est point une individualité agissante, il ne s'ensuit pas cependant qu'elle ne soit pas un fragment vivant de l'épiderme de la terre, un produit de la vie évolutive de la planète.

Et toute la vie qui plus tard jaillira des organismes successifs dort, en attendant de germer, dans le caillou que nous ramassons.

Que cette vie, dans toutes ses formes non seulement connues mais pensables pour nous, ne soit que peu de chose vis-à-vis de toutes les essences mystérieuses qui sont avant elle et qui sont en elle, qui la baignent et la pénètrent de toutes parts, qui la forment et la transforment de toutes manières, cela certes n'est pas douteux.

Elle n'est pas seulement le lieu de tout le

L'Impensable divin

réel, elle est le champ de réalisation de tous les possibles. Et non pas seulement de tout ce qui nous paraît le possible, mais de tout ce que nous nommerions l'impossible. Ainsi ce n'est pas l'univers qu'il faudrait dire de son domaine, mais les univers. Car un univers n'est, en somme, que l'ensemble réalisé de toute l'innombrable série des possibles qui sont combinables entre eux ; mais il est encore d'innombrables séries d'autres possibles contradictoires aux premiers, et dont la réalisation ne peut avoir lieu qu'en des univers différents, étrangers, sans rapport avec celui que nous connaissons.

Ainsi donc, nous pourrons toujours élargir le cercle de nos connaissances, passer d'un ordre de réalité, de relativité, de grandeur à l'autre, à travers les états des substantialités croissantes ou bien décroissantes, élargir, en un mot, l'orbe du connaissable jusqu'aux limites mêmes d'un univers, sans pour cela avoir réduit d'aucune valeur, appauvri en quoi que ce soit l'infini de l'inconnaissable.

Au delà de tout ce que nous nommons, de tout ce dont nous devenons maîtres, existera toujours une marge assez grande pour que nous puissions y inscrire le nom de Dieu. Mais ce nom ne sera jamais que celui que nous aurons mis sur ce qui est pour nous l'impensable.

Il est aussi difficile, pour nous, me disait un sage, de pouvoir comprendre ce que Dieu est, qu'il le serait, pour l'outrecuidance d'une fourmi, de spéculer sur le caractère et les opinions du passant dont le pied la foule.

Mais cela n'est pas assez dire, car en vérité nous nous trouvons vis-à-vis du Dieu inconnu dans le même rapport où se trouve l'infime cellule vis-à-vis de l'être total à la vie duquel elle participe.

Comment cette cellule pourrait-elle concevoir ce tout, pénétrer sa pensée, imaginer sa forme ?

Au même titre que toutes les autres, elle

est indispensable à ce tout qui cependant ne la connaît pas. Demain elle mourra, cédant sa place à une cellule nouvelle, et lui ne le saura même pas. Elle est à ce point étrangère à l'être dont pourtant elle tire sa vie, comme lui-même la reçoit d'elle, qu'il peut mourir tandis qu'elle est vivante encore, sans qu'à son tour elle s'en doute, ni puisse le regretter d'aucune façon. Tout au plus perçoit-elle quelque chose comme un changement de régime, comme un statut nouveau et plus libéral qui survient, laissant un jeu plus étendu, moins despotique, au mécanisme interne de ses obscures activités ; quelque chose comme une abolition des liens hiérarchiques et monarchiques l'unissant aux fonctions voisines, aux organes dont elle dépend. La mort du tout, pour cette cellule, sera peut-être ainsi la joyeuse révolution dont elle fêtera les bienfaits.

Ainsi sont nos individualités éphémères et nos intelligences infinitésimales vis-à-vis de l'être suprême et total que nous nommons Dieu.

.˙.

Arrêtons-nous ici un instant, avant de visiter la ville aux cent mille temples et de franchir le seuil de ce panthéon où toutes les sortes de divinités se confondent et se coudoient.

Puisque au-dessus de leurs hiérarchies bigarrées se dresse Ce qui ne peut être nommé ni défini, ne passons point sans attacher encore notre regard sur cette cime de la pensée.

J'entends bien la critique que font ici les théologiens. Toute croyance, disent-ils, toute pensée qui se réclame de l'inconnaissable, n'est qu'un agnosticisme plus ou moins déguisé, un mysticisme vague et sans objet réel. Il nous faut un Dieu personnel auquel puisse s'attacher notre piété consciente, un Dieu que puisse embrasser notre foi.

A cela il n'est qu'une seule réponse à faire,

c'est que les dieux personnels ne manquent point à travers le monde, et que la piété ne doit éprouver ici d'autre embarras que celui du choix.

Mais cela ne fait pas l'affaire des théologiens : ils veulent, en effet, que leur Dieu personnel soit un Dieu unique ; les plus hardis d'entre eux allant même jusqu'à ne pas vouloir d'une trinité dont le symbolisme incompris confond aisément leur raison. Car celui qui prie, disent-ils, tirant de l'expérience religieuse un argument qu'ils croient décisif, sent bien qu'ils s'adresse à un être unique et non pas à un comité.

Bref les théologiens se placent d'eux-mêmes dans le dilemme d'un Dieu personnel ou d'un mysticisme voisin de la pure mystification.

Parmi eux, les plus criticistes démontrent sans peine, mais sans profit peut-être aussi, qu'il est de l'essence de l'esprit humain de connaître l'essence, semblable à elle, de l'Esprit universel et divin. Rien n'échappe à l'esprit, car tout est esprit ; rien n'est inconnaissable pour lui.

Certes, nous souscrivons à cette affirmation ; mais nous ajoutons : le tout est pour l'esprit de se connaître et de se comprendre lui-même ; car il ne peut être conscient hors de lui que de ce dont il est conscient en lui ; et, il faut bien le dire, dans la plupart des cas, cela est peu de chose.

Ici donc les théologiens oublient qu'il est, en l'esprit même, ce que les psychologues appellent le subconscient.

Ils ont plus raison qu'ils ne croient de déclarer le mysticisme suspect et fâcheux entre toutes choses. Mais ce mysticisme commence, pour chacun en particulier, à la limite de ce dont il est conscient. Or, bien souvent, la foi n'est pas autre chose qu'une démarche aveugle et aventurée hors de ces limites.

Ainsi donc, la règle de tout effort sincère vers le divin devrait être l'acheminement progressif de la conscience, grâce à des méthodes d'éducation rigoureuses, vers les profondeurs de plus en plus grandes de ce qui jusque-là n'était que l'infra ou bien le supraconscient.

Car c'est au fur et à mesure que l'esprit entrerait ainsi dans la connaissance de ses secrets les plus intimes, qu'il pourrait acquérir aussi les moyens de connaître mieux le secret des transcendances divines correspondantes.

Mais si loin qu'il explore ses profondeurs, si loin qu'il recule les limites du connaissable, jamais il n'atteindra en lui les sources dernières de l'être; jamais, par conséquent, il n'étreindra dans sa pensée l'Être même, l'Être infini qui restera pour lui l'impensable.

Et c'est pourquoi les théologiens du passé, ceux du moins dont la pensée vraiment initiatique brilla sur les cimes, enseignèrent-ils aux hommes capables de les comprendre, que l'Un absolu, le Sans Forme, c'est Ce qui ne peut être pensé, Ce qui ne doit pas être nommé.

Cet Un, dans certaines traditions antiques, était désigné seulement comme Ce qui doit être revêtu, pour signifier que l'univers entier, dans son évolution éternelle et dans ses extensions infinies, ne suffira jamais à le revêtir, à le manifester tel qu'il est, puisqu'il est lui-même la vie progressive de cet univers.

Et ces théologiens du passé, plus psychologues que les nôtres, ne manquaient pas d'enseigner aussi que chacun doit chercher en lui-même son Dieu, dans le secret profond du temple intérieur.

Car l'impensable que nous nommons Dieu étant à la limite interne aussi bien qu'externe de l'infiniment petit comme de l'infiniment grand, se trouve non pas seulement hors de nous, dans les profondeurs étrangères, mais en nous, dans les profondeurs de notre univers du dedans. Il est, par delà tout ce que nous connaissons de nous-mêmes, le moi inconnu, le moi véritable, celui que chacun doit manifester.

L'Impensable divin

C'est dans ce sens qu'il faut comprendre la parole ancienne : « Votre Dieu est : Je suis (car c'est là le nom du Moi véritable) et vous n'en reconnaîtrez aucun autre. »

.˙.

S'il faut adorer, n'y a-t-il pas là, plus que partout ailleurs, raison pour le faire ?

Et que vaut une adoration offerte à un être personnel, si puissant soit-il, auprès de celle que l'on peut offrir à Ce qui n'ayant ni limite de temps et d'espace, ni forme ni âge, représente pour nous les possibilités infinies d'une connaissance et d'une croissance sans bornes. Et comment adorer Cela ?

Même quand pour le désigner, afin de mieux nous faire comprendre, nous inscrivons ici quelque majuscule pompeuse, n'obéissons-nous pas à ce vieil instinct qui nous pousse à personnifier ce qui ne doit pas l'être, à donner à l'adoration une forme enfantine encore, alors que seul l'effort viril doit la traduire.

Et que valent les noms et les adjectifs louangeux que l'on adresse à Ce qui est ? Dire : Dieu le Père, en grec Zeus Pater, Jupiter, quel sens cela peut-il avoir ? Interpeller, héler de mille voix discordantes Ce qui doit être revêtu, c'est-à-dire aussi révélé dans la vie toujours plus parfaite de l'être, quelle est cette insolence ou cette espièglerie ?

J'aime mieux ceux qui se taisaient, fussent-ils Grands Prêtres, devant le nom aux quatre lettres symboliques. Cela du moins était du respect.

Mais vos invocations que signifient-elles ? Ah ! oui, elles signifient quelque chose si vous les adressez à un Dieu personnel, à un Dieu égoïste qui ne vous accorde les biens nécessaires qu'au prix d'une constante mendicité. Mais prier Ce qui est, n'est-ce point l'injure suprême, le reproche fait à la source éternelle et universelle de nous refuser quelque chose,

L'Impensable divin

elle qui partout devant nous répand ses richesses.

Ouvrons les yeux qui restent trop souvent aveugles, ouvrons les mains que nous tenions jointes, approprions-nous ce que nous offre la vie, en communiant avec elle dans les profondeurs.

Alors, participant à ce qu'est l'amour, nous saurons ce que peut être l'adoration.

Mais s'il est des adorateurs qui ne puissent gravir jusque-là, jusqu'à ce haut concept des sages de tous les temps, s'il leur faut un être à leur taille, une Divinité qu'ils tutoient et qui s'occupe de leurs plus petites affaires, alors, qu'ils la choisissent ou la retrouvent parmi les innombrables Dieux vers qui maintenant nous redescendrons.

Jusqu'ici leur offrande ne s'est adressée qu'à celui, sans doute, que le hasard leur avait choisi. Mais peut-être parmi la foule des autres, en trouveront-ils quelqu'un qui réponde mieux aux vœux de leur piété.

Bien souvent ainsi, dans l'histoire, les peuples et les religions ont, des hauteurs de la pensée, descendu le chemin facile de la dévotion vers les images familières et les idoles plus accessibles.

Ne pouvant s'élever jusqu'à l'idée de l'Impersonnel qui recule à mesure qu'on croit l'approcher et que les cieux des cieux ne peuvent contenir, mais qu'un nouveau-né retient dans sa main s'il s'y trouve ne fût-ce qu'un grain de sable, l'homme a réduit son Dieu à la taille de ses pensées et de ses désirs. Enfant, il l'a fait petit comme lui afin de pouvoir jouer avec lui et lui a prêté toutes ses passions en les rendant telles qu'il puisse toutefois prendre au sérieux et même au tragique ses jeux.

III

Les Dieux de la nature

Le berceau des Dieux. — Le fétichisme des sauvages et celui des civilisés. — Les courbes ethniques. — L'origine des religions. — Le culte moderne des forces de la nature.— Les forces vivantes. — Science et pensée. — La personnification de l'impersonnel. — Personnes et choses.— Les puissances inconnues.—L'identité de la substance. — L'unité de tout et de tous. — La communion de l'être et de l'univers.

Connaîtra-t-on jamais le berceau d'où les dieux sortirent ?

Il est fort à la mode aujourd'hui de penser que le culte rendu par l'esprit humain à ce qui lui semble plus grand ou plus parfait que lui, apparut toujours à ses origines sous la forme d'un fétichisme, d'un totémisme grossier.

Cette opinion simpliste paraît mal s'accorder avec les exigences de la pensée moderne si délicatement complexe et subtile ; elle répond cependant au goût que conservent certains érudits pour les solutions reposantes.

Mais la raison, pas plus que les faits, ne saurait s'en accommoder.

Il est à remarquer tout d'abord que le fétichisme, le totémisme semblent n'avoir aucune racine dans les origines biologiques de l'humanité : ils apparaissent partout comme un produit de la déformation de l'esprit et non pas comme un héritage de préformations ancestrales.

On pourrait retrouver dans la psychologie animale la première ébauche des éléments essentiels du sentiment religieux chez l'homme, la crainte, l'admiration, la tendresse poussée parfois jusqu'au sacrifice, et surtout le pouvoir mystérieux du rêve, la faculté contemplative d'où naquit sans doute la première émotion et le premier élan mystiques.

Mais rien dans l'animalité même la plus évoluée, la plus proche de l'homme, ne décèle aucune tendance d'où pourrait dériver l'esprit fétichiste. Seul un symbolisme dévoyé l'explique.

On pourrait dire avec plus de raison que les cultes finissent plutôt qu'il ne commencent par là. Et ce ne sont point d'ailleurs seulement les cultes. Il est facile de constater quelle place occupe le fétichisme en tous les domaines de la vie moderne et parmi les nations les plus civilisées.

C'est sous les formes les plus diverses, non seulement théologiques mais encore scientifiques, qu'il y apparaît.

Ces dernières sont, il est vrai, plus en faveur dans nos milieux. Mais, sous leurs apparences trompeuses, on retrouve intacts tous les caractères du culte aveugle, exclusif, fanatique autour d'un objet. Que cet objet soit, comme en d'autres lieux, idole de bois ou de pierre, grigris et formules magiques, ou, comme chez nous, enseigne de parti ou d'école, mots tabous qu'adorent les foules et noms de manitous dont l'opinion fait loi, le fétichisme reste le même.

S'il n'est donc point de civilisation exempte de fétichisme, on peut constater, d'autre part, qu'il n'est pas, même chez les hommes les plus sauvages, de culte grossièrement fétichiste sans que quelque théologie, quelque croyance, voire même quelque spéculation sur le Grand Esprit ne s'y mêle.

Chez certaines tribus du Congo, du Zambèze ou du Dahomey, par exemple, il semble même que le fétichisme soit, non un culte primitif, mais, au contraire, dégénéré; un vestige lointain de quelque grande tradition perdue, peut-être de quelque haute philosophie dégradée.

Car s'il y a pour les peuples, aussi bien que pour les individus, une évolution progressive, il y a aussi une évolution régressive, un retour vers ce nouvel état d'enfance débile qu'est la vieillesse. Et chaque race après avoir épuisé toutes ses énergies de croissance, redescend, appauvrie, la pente qu'elle avait gravie.

Existe-t-il pour les peuples un sommet d'où ils puissent ne pas retomber ? Peut-être.

Il faut croire, en tous cas, que faute de l'atteindre, eux-mêmes se condamnent à revenir un jour vers l'obscurité du point de départ.

Et tandis que les uns progressent, allant du crépuscule à l'aurore, d'autres régressent : ils retournent vers le crépuscule.....

Ce n'est pas l'humanité tout entière qui passe de l'ombre première à la pleine clarté de l'esprit : c'est chaque grande famille humaine à son tour. Il semble que l'histoire ne connaisse aucun âge où barbares et civilisés n'aient ensemble occupé la terre. N'y a-t-il pas aujourd'hui encore des peuples enfants ? Et si loin qu'on regarde dans le passé, n'y trouve-t-on pas les vestiges de civilisations disparues ?

Leurs origines sont mystérieuses : Tandis que partout ailleurs les multitudes restent stationnaires ou redescendent vers les bas lieux, soudain, quelque part, la race des penseurs s'éveille ; et c'est l'Egypte, l'Inde ou la Grèce qui se dresse toute illuminée de jeunesse et d'intelligence.

Ne suffit-il pas, en effet, à certains peuples, en certains siècles, de deux ou trois générations pour franchir sans arrêt toutes les étapes qui conduisent vers le savoir ; alors que tous les millénaires ne suffiraient pas pour faire avancer d'un seul pas tant d'autres.

.˙.

Si l'on veut spéculer sur les formes premières des cultes humains, il est probable qu'à l'origine la pensée religieuse s'attacha surtout, comme la science d'ailleurs, à la contemplation des grandes forces de la nature.

C'est à ces forces personnifiées et divinisées que les hommes primitifs adressèrent leur culte de crainte ou d'espoir. C'est la nature que tout d'abord ils adorèrent, comme aujourd'hui, d'ailleurs, ils le font encore.

Mais en ceci les primitifs sont-ils aussi loin des civilisés que généralement on le pense ?

Il est à la fois curieux et piquant de remarquer que si les hommes commencent, comme on l'assure, leur apprentissage théologique par un culte rendu aux forces de la nature, c'est à ce même culte, sous une autre forme, que tend à les ramener la science à l'apogée de son progrès.

Une vue, même superficielle, des choses permet de constater que pour nos savants aujourd'hui il n'est plus guère d'autres dieux possibles que ceux qui se cachent, sournois ou terribles, sous les forces de la nature. Ceci n'est pas une simple plaisanterie, car il me suffirait de dire, en ce cas, que les laboratoires ont pris la place des oratoires.

Non, je ne parle pas du culte universellement rendu par notre vie moderne à ces forces dont on attend plus de choses que jadis on n'en eût demandé à Dieu.

Je veux parler de l'idée même qui s'élabore dans les creusets de la science, l'idée plus mystique peut être, plus frissonnante au seuil du mystère, que ne le fut jamais la pensée religieuse depuis les origines où l'homme sentait, sans le savoir encore, que ces forces obscures et redoutables étaient vivantes.

Aussi rien ne me paraît plus plaisant que l'assurance avec laquelle nos dictionnaires déclarent parfois que l'homme primitif s'agenouillait devant le mystère caché sous les phénomènes de la nature, mais que le mystère qu'il imaginait s'est évanoui à mesure que son savoir lui a appris à les connaître plus parfaitement.

Car aujourd'hui ce que beaucoup d'érudits appellent connaître, c'est simplement cataloguer, remplir de mots latins tous les casiers de la mémoire, mettre sur les choses que l'on ne sait point des étiquettes administratives, des numéros correspondant aux phénomènes de la vie profonde et mouvante.

Sans doute il faut à la science des comptables et des commis pour tenir ses livres, mais le vrai savant ne se borne pas à noter les rapports des choses ; le vrai savant est un penseur qui regarde l'âme des phénomènes, et plus il la regarde et plus il la connaît, et plus elle ouvre aussi devant lui ses perspectives lointaines et insaisissables ; elle le conduit sans cesse au bord du mystère.

Il sait comment se conditionnent les apparences, mais devant le réel qu'il ne peut saisir il sent le frisson de l'abîme. Si on lui parle de la lumière, il la définit et en compte les vibrations, mais la force qui génère ces vibrations il l'ignore. On lui parle d'électricité, il sait comment produire son étincelle et utiliser sa puissance, mais l'essence même de cette chose qu'il utilise lui est inconnue.

L'air et le feu, la terre et l'eau lui confient des secrets étranges, mais ne lui livrent pas leur énigme. Ainsi plus il apprend et plus il comprend qu'il ignore.

Qu'il se penche sur un atome, il y découvre un univers ; qu'il scrute la matière, elle s'évanouit pour ne plus laisser place qu'à des tourbillons de forces inconnues, à la magie vertigineuse de l'impondérable, à la vie intense, en un mot, des modes ignorés de l'être.

Mais alors, quand les hommes, dans leur enfance, saisis de la terreur sacrée, adoraient ces choses et regardaient en elles se mouvoir le divin, ne se trouvaient-ils pas aussi proches, plus proches peut-être du vrai, que plus tard, quand dans leur vaniteuse ignorance, ils refermèrent lourdement, l'une après l'autre, toutes les portes du merveilleux.

Or, voici maintenant qu'à travers les mille fenêtres que la science nous a ouvertes, nous le contemplons à nouveau. Car toujours la spirale de l'évolution ressuscite ainsi, sous des formes neuves, les vieilles choses abolies, et rend l'avenir complice éternel du passé.

Prosternez-vous donc, si vous le voulez, devant un rocher ; vous y adorerez l'Être universel aussi bien que si vous vous étiez prosternés devant tous les soleils de l'espace, mieux peut-être qu'en vous agenouillant devant les vains symboles qu'imaginent les théologies.

Nulle idée abstraite de Dieu ne sera jamais assez haute pour atteindre l'idée vivante, le divin qui veille au sein d'une mousse.

Et puisque partout se retrouve cette même grande Présence, l'adoration des forces de la nature n'est que le culte de détail de l'éternel et universel impensable, l'obole de l'esprit à l'Être.

※

Allons plus loin. Ce que l'on reproche à l'instinct primitif de la pensée humaine, c'est d'avoir personnifié, dans son adoration enfantine, ce qui ne peut l'être.

Mais n'est-ce point la même chose qu'il faudrait reprocher aux déistes modernes, quand ils font de l'impersonnel un Être suprême ? Et n'est-ce point d'ailleurs ce qu'a toujours tenté de faire l'esprit humain lorsque, dans ses philosophies les plus réputées, il conçoit à sa propre image tout le réel, le regardant sous l'angle déformé d'un moi qui ne se connaît pas lui-même.

En un certain sens, cependant, chaque élément, si on veut l'abstraire du tout, ne devient-il point individuel ; chaque chose, si on la sépare de toutes les autres, n'est-elle point une personne, un être tiré de l'être total ?

Personnes et choses, ce sont là distinctions vulgaires et intéressées.

Sans doute, les modes d'exister diffèrent, mais l'individuel et le collectif, comme le nombre et l'unité, s'enveloppent partout l'un l'autre, et tout est à la fois l'un et l'autre, chose et personne en même temps.

Que savons-nous des forces de la nature ? Nous les disons aveugles parce qu'elles ne parviennent point à nous apercevoir parmi la multitude des choses qui rampent ; nous les croyons sourdes parce qu'elles ne répondent point à nos vœux, et muettes parce que nous n'avons point encore appris leur langage. L'insecte sous nos pieds ne peut-il, lui aussi, nous croire aveugles et sourds ? Il pourrait donc suffire, pour que nous les jugions ainsi, que ce soient des personnes hors de nos proportions infimes, sans commune mesure avec nous. Sans doute l'espace que nous occupons leur échapp , le temps que nous vivons leur est imperceptible.

Ce sont elles peut-être qu'a personnifiées l'imagination scandinave dans l'anecdote des trois géants assis au pied d'une montagne :

La pluie tombe. Mille ans s'écoulent et l'un dit : « Il pleut. » Mille ans encore, et le second répond : « Cela mouille. » Puis de nouveau mille ans, et le troisième dit : « On bavarde ici, je déménage. »

Ainsi pour les grands inconnus dont nous sentons sur nous passer le souffle, sans les avoir vus, mille ans peuvent bien être comme un de nos instants, et notre terre est, sans doute, tout juste assez grande pour mesurer un de leurs pas.

L'instinct, plus clairvoyant peut-être, des primitifs personnifia ce que nous avons voulu, nous autres, ne plus connaître que sous de vagues et uniformes appellations. Mais derrière ce que nous nommons maintenant des forces, que se cache-t-il ? Qui peut dire si une pensée consciente n'est pas en elles, si une volonté ne les anime pas ?

L'imagination populaire est sans doute plus savante que notre science lorsqu'elle assigne aux seigneurs de l'air et du feu, des nuages, des vents et des neiges, des fleuves, des monts et des souterrains, leurs noms et leurs attributs pittoresques.

Tandis que l'homme moderne tente de faire de ces puissances les outils de son bon plaisir, nos religions occidentales en ont fait des armes aux mains de leur Dieu. Et qui sait, en effet, si derrière chacune d'elles, ce n'est point un être plus grand qui se meut. Et comme, sans l'approuver, je comprends l'effroi qui dès l'origine inspira sans doute le culte qu'on leur rendait.

Toujours l'homme avant d'asservir ce qui l'épouvante, l'adore ; et cela est de bon augure pour la maîtrise, un jour, des dieux que maintenant il sert.

Car les dieux se détrônent comme les rois, et s'il en est d'inamovibles, ce sont peut-être justement ceux-là que l'on croit dignes seulement des superstitions de la préhistoire. Ces forces de la nature, en effet, ces dieux primitifs et barbares que l'on croit déchus et conquis, dont on veut faire des esclaves, règnent toujours ; et il n'est pas bien sûr que l'homme moderne en bâtissant ses tristes usines sur les ruines de leurs autels, en les évoquant dans ses demeures et ses cités, au lieu d'aller comme jadis en pèlerin vers leurs sanctuaires, ne se soit point asservi à eux plus qu'il ne l'était.

∴

Entre l'effroi des premiers temps, et la pensée sans poésie que maintenant on leur accorde, n'y avait-il donc point place pour autre chose ?

Oh ! j'aime le cantique du doux contemplateur d'Assise, son cantique aux choses, à monseigneur frère Soleil, à sœur notre mère la Terre, à notre petite sœur l'Eau et à frère Feu.

Dès que notre science s'éloigne un peu de ce mercantilisme utilitaire pour lequel rien ne vaut que ce qui se vend, rien ne compte que ce qui se compte, dès qu'elle se penche un peu plus, comme elle commence à le faire, vers le fond merveilleux et solennel des choses, cela suffit pour que nous apprenions nous aussi à établir entre elles et nous un rapport nouveau, et pour que le culte d'effroi, offert jadis aux forces de la nature, se transforme en intimité fraternelle.

Car il en est ainsi lorsque nous comprenons qu'ils sont nos frères et nos sœurs, nos pères, nos mères, ces grands anonymes, ces personnages méconnus. Ils sont pour nous plus que cela : et si justement leur forme, trop vaste ou trop mouvante, nous échappe le plus souvent, c'est qu'ils vivent non pas lointains ou proches de nous, mais en nous, comme nous-mêmes vivons en eux.

Accueillons un instant la plus magnifique pensée que l'Inde ait vue fleurir sur son sol.

Elle nous apprendra, car en elle se trouve l'essence de tout monisme digne de ce nom, cette unité de la substance qui élargit le moi limité, jusqu'à l'identifier à la vie sans bornes. Elle vaincra en nous une illusion grande qui est la source de bien des maux.

Vous vous croyez distincts, nous disent les sages, de tout le reste de votre univers, parce qu'en face de lui vous dites « je »; et tout ce que ce « je » ne peut contenir, il l'appelle simplement « les autres ».

C'est ainsi qu'il se sépare de tout, n'étant rien lui-même qu'une succession sans cesse mouvante, changeante, jamais la même, d'apparences évanouies aussitôt que nées, simple flocon d'écume sur l'océan de l'Être, feu follet qui marque pour vous un point illusoire sur la plaine aux horizons infinis.

Car où commence et où finit ce moi arbitraire et déraisonnable? Il ne commence ni ne finit nulle part; sa réalité ne repose que sur l'un des tourbillons éphémères de cette substance partout identique, dans laquelle il ne saurait y avoir de faille ni d'hiatus.

Il ne tient donc qu'à vous de libérer de cette prison volontaire de méfiance et d'égoïsme, l'aveugle petit moi que vous ne sauriez d'ailleurs longtemps retenir, et de lui permettre de vivre ainsi sa pleine et large vie en tous les êtres, en toutes les choses.

Mariez les forces qui sont en vous avec toutes celles de la nature ; laissez s'exhaler et s'épanouir ce qui étouffe ; libérez-vous de vous-même en communiant avec toutes choses ; ouvrez toutes les portes, pénétrez partout ; entrez dans la paix, dans la paix des arbres amis, dans le recueillement des eaux transparentes, dans la puissance des vents et de la tempête, dans l'allégresse de tout ce qui grandit et s'éclaire, dans la saveur de tout ce qui fait effort ; entrez aussi dans la douleur et tout ce qui souffre, dans tous les secrets de la vie, dans la majesté et dans la misère des choses, dans la patience de la nuit pleine de promesses, dans la sérénité du temps et dans la fécondité de l'espace ; entrez dans la lumière des ardents soleils ; entrez dans le repos laborieux de la terre, car vous y apprendrez combien sont vaines vos terreurs d'y dormir un jour.

Rien que cette évasion hors des limites qu'il s'était faites, ne pourra libérer le moi qui frissonne en vous, de tout ce qui l'emprisonnait. Se retrouvant lui-même en tout ce qui est, plus rien désormais ne pourra l'atteindre ; et l'idée même de la mort s'évanouira comme un impossible fantôme, car il se sentira identifié à la vie éternelle de l'univers.

Et tel est le sommet suprême que peut atteindre le culte si méprisé des forces de la nature.

IV

Les Dieux privés

Les ordres transcendants de la réalité. — Les milieux substantiels. — L'espace mental. — Lumière et pensée. — La pensée formatrice. — L'idée force et ses formes. — L'idéal subjectif et ses constructions objectives. — Les petits Dieux et leurs destinées.

Avide de divinités personnelles, l'homme ne se contente point d'avoir déifié en bloc tout l'inconnu, ou en détail toutes les choses. S'il en est qu'il invente pour se satisfaire, il en est parfois aussi qu'il forme et façonne de toutes pièces ; car les dieux sont souvent non pas ses créateurs, mais ses créatures ; et comme tout vit, elles sont vivantes aussi.

Vivantes non pas seulement d'une façon

abstraite et platonique, dans sa croyance et dans sa pensée, dans sa crainte ou son espérance illusoires, mais vivantes au sens concret, objectif du mot, et agissantes réellement.

Une telle affirmation scandalisera peut-être à la fois ceux qui, ayant déjà un Dieu de leur choix, n'en voudraient point d'autres, et ceux qui ne veulent point qu'il y en ait aucun, se croyant tenus, si par aventure il en existait, de les adorer.

Ils ont tort les uns et les autres. Qu'ils se se rassurent. Ce que je dirai de ces dieux confirmera pour les premiers que le leur n'est point illusoire, et pour les seconds, qu'il n'y a point lieu de lui rendre un culte. Car il n'est pas du tout nécessaire, pour refuser de s'agenouiller devant un autel, de se réfugier avec crainte derrière une négation rassurante.

Cette négation n'est d'ailleurs fondée que sur l'ignorance ; et l'ignorance ne peut permettre de nier plus que d'affirmer.

Elle est fondée sur l'ignorance de tout ce

que les yeux ne voient point, de tout ce que les mains ne saisissent point, mais de tout ce que l'esprit peut apprendre, de ce que la science commence à découvrir de nouveau.

Tant que nous nous imaginons que toute l'universelle réalité se réduit au seul ordre de substance, au seul état de matérialité que perçoivent nos sens, nous ignorons tout et nous ne pouvons rien expliquer.

Quand la science a voulu comprendre ce qu'est la lumière, elle a dû s'élancer hors du lieu trop étroit et de la région trop bornée des phénomènes perceptibles, et elle a postulé, sous le nom d'éther, un état plus subtil de réalité. Mais en atteignant cet état, elle n'a fait que ses premiers pas sur le chemin des transcendances infinies.

Quand, à la clarté de phénomènes inattendus, elle a vu la matière atomique se dissocier et s'évanouir, devant elle des perspectives insoupçonnées se sont ouvertes ; à la place de ce que les uns nommaient le Néant et les autres Dieu, elle a vu se superposer, au delà des objets sensibles, toute la hiérarchie des substantialités décroissantes, se servant de substratum l'une à l'autre.

Ainsi, nous pouvons savoir maintenant que ce domaine sensible où nous nous mouvons n'est que le champ de manifestation, de matérialisation des modes transcendants de l'être, le dernier des champs de la vie.

Tout phénomène implique une substance correspondante ; à toute vibration il faut un milieu propre. Et si les vibrations lumineuses exigent ce milieu que nous nommons l'éther, n'en faudra-t-il point un pour ces vibrations plus subtiles, plus mystérieuses, plus rapides aussi, qui sont celles de la pensée.

Je ne parle point de cette pensée déjà revêtue de la forme et de la substance que lui fournit la matérialité cérébrale. Les psychologues savent bien qu'avant d'atteindre là ses modes d'activité consciente, la pensée a déjà dû passer tout d'abord par d'autres états plus lointains, à travers les régions inconnues de ce que l'on nomme le sub-conscient.

Elle est venue des profondeurs intérieures jusqu'à la surface de notre moi, ainsi qu'un météore nous arrivant des inaccessibles espaces.

Quel fut le lieu d'origine de ce météore, la source de cette pensée ? Nous l'ignorons, mais ils existent, l'un au delà de notre soleil, l'autre au delà sans doute de la lumière.

Il y a entre la lumière et la pensée une parenté d'ascendance. Pour aller de l'une à l'autre dans l'ordre des impondérables, il faut gravir un échelon : concevoir est une façon plus haute de voir. Si nous ne voyons pas la pensée, c'est que sa substance est plus éthérée que celle de la lumière, de même que si nous n'entendons pas celle-ci c'est que son essence est plus subtile que celle du son.

Plaçons donc, si nous le voulons, le champ de sa réalité dans les plus pures quintessences de l'éther vivant, source de notre matière vivante ; sachons en tous cas qu'elle a quelque part un domaine substantiel d'action et de formation propres, un domaine de vie aussi réel, aussi objectif que le nôtre.

Parmi les éléments de son ordre, la pensée se meut, comme nos corps parmi les objets physiques. Et comme nos mains savent façonner ces objets, elle sait, elle aussi, pétrir ces éléments et les mouler en mille formes appropriées.

Ainsi nos gestes intellectuels ne sont pas moins féconds que nos gestes matériels. Et c'est pourquoi la sagesse enseigna toujours qu'il faut veiller sur ses pensées comme sur des actes générateurs.

Si nous pouvions apercevoir les images vivantes qu'à chaque instant les pensées produisent autour de nous, si nous pouvions mesurer la force de leur pouvoir de formation, nous comprendrions ce que peut créer le concours de nos volontés convergentes, et le formidable concert des idées et des croyances collectives d'un peuple, d'une civilisation, d'une race.

⁂

Toutes les idées, certes, ne sont point au même degré créatrices. Il est même peu de cerveaux capables de pensées véritables ; et la plupart des formations mentales individuelles ne sont que des déformations, des malformations de clichés produits par un penseur anonyme et tombés dans le domaine public. Les formes qu'elles revêtent dans la substance intellectuelle sont généralement grossières et sottes ; elles sont d'ailleurs peu durables.

Mais dès qu'une idée devient idée force, dynamisme mental véritable, elle tend à produire et à maintenir sa représentation plastique dans une forme plus stable et précise. Et les grandes pensées, les synthèses coordonnées de force intellectuelle, sont effectivement dans la substance qui les revêt, les créations vivantes et des entités agissantes.

Il en est de même quand cet ensemble de hautes aspirations qu'est un idéal humain, se construit. La force et la beauté de ses formes s'impriment dans l'ambiance impalpable ; et celui qui l'érige dans son cœur et dans son cerveau, sculpte en même temps quelque part, comme un artiste sur du marbre, la statue de l'être parfait qu'il conçoit.

Si cet idéal est celui qu'il se propose à lui-même et qu'il fait effort pour atteindre et réaliser, la statue, faite à son image, sera celle du Dieu qu'il veut être. S'il applique, au contraire, cet idéal à l'être de sa dévotion religieuse, l'image sera celle du Dieu de sa religion.

Il aura donc créé de toutes pièces à son usage personnel une divinité concrète et objective avec laquelle il établira des rapports souvent conscients. S'il est croyant, il lui adressera des prières auxquelles sans doute elle répondra ; elle les exaucera même dans la mesure où les forces qu'il met en elle le lui permettront.

Bien des déistes avoués ou non, fondent ainsi le meilleur de leurs convictions sur une expérience intime et réelle, dont malheureusement ils faussent les conclusions ; car ils prennent pour le Dieu unique ce qui n'est que leur dieu privé, pour l'Etre Eternel un être éphémère destiné à s'évanouir dès que prendra fin la vie même ou simplement la dévotion de son constructeur.

Rien ne serait plus respectable qu'une telle objectivation de ce que chacun conçoit de meilleur, si elle restait pure de tout alliage, de toute illusion. Et il est à désirer entre toutes choses que toujours le Dieu de chacun soit son idéal le plus grand.

Parmi la foule des dieux personnels, aucun donc ne devrait être regardé comme aussi sacré que ces petits dieux individuels sincères et de bon aloi, formés pour être la providence d'un seul.

Trop souvent malheureusement, ce sont leurs propres formateurs qui les déforment et les dégradent par un zèle aussi intempestif qu'ignorant.

Croyant les faire plus grands qu'ils ne sont, ils leur prêtent les traits vulgaires du Dieu de la foule ; les voulant plus puissants qu'ils ne peuvent être, ils les traînent hors du sanctuaire et les livrent aux compromissions d'un prosélytisme indiscret.

Comme ils sont rares les petits dieux qui possèdent cette vertu désirable : la fierté de rester soi-même ; et combien d'entre eux tournent mal pour avoir convoité des temples et des autels !

La faute en est d'ailleurs uniquement à leurs formateurs qui ont tant de peine à accepter que leur Dieu ne soit pas aussi celui du voisin.

Parmi ces formateurs, cependant, il en est

d'exceptionnels qui, de temps à autre, construisent leur pensée avec tant de puissance et de ténacité qu'elle finit par s'imposer en souveraine parmi les autres.

Il suffira même parfois qu'une pensée, sans grande vertu spéciale, soit favorisée par les circonstances, pour qu'un centre de formation collective soit constitué, dont le rayonnement étendu sans cesse, de proche en proche, pourra se propager parmi les multitudes.

C'est de ce lieu de naissance obscur, de cette crèche assez vulgaire que de grandes divinités sont parfois sorties.

V

Les Dieux de la foule

La pensée collective. — Sa puissance et ses effets. — Le mécanisme de ses formations. — Les dieux que crée l'homme. — Entités vivantes et divinités nationales. — Leurs caractères. — La personnification future de l'humanité. — L'inconscience de la pensée collective. — Elle crée quand elle croit. — L'origine mythique des divinités populaires. — Dieux célibataires et couples divins. — Leur sens symbolique.

Si l'on ignore ce que vaut la pensée d'un seul, comment saurait-on ce que peut la pensée de tous ?

Oui, les penseurs parfois dans leurs méditations, les explorateurs, les prospecteurs du monde intellectuel dans leurs découvertes et les poètes, ces devins de la pensée, dans leurs rêves, éprouvent et pressentent confusément que l'idée n'est point une chose abstraite et sans corps. Elle leur apparaît comme une chose ailée qui plane, s'approche, s'enfuit, se refuse et se donne, qu'il faut appeler et poursuivre et apprivoiser.

Aux plus clairvoyants, elle semble comme une personne lointaine ayant ses caprices et ses désirs, ses préférences, ses dédains ainsi qu'une reine, ses pudeurs ainsi qu'une vierge. Ils savent qu'il faut beaucoup de soin pour la conquérir, et peu de chose pour la perdre, et qu'il est un amour de l'esprit pour l'idée, un amour fait de consécration et de sacrifice, sans lequel l'idée ne peut être à lui.

Mais ce sont là de jolis symboles sous lesquels bien peu savent voir la très exacte réalité.

Il fallait un Platon pour savoir ce qu'est cette chose qui vit et vibre, qui se meut et rayonne, circule et se propage à travers le

Les Dieux de la foule

temps et l'espace, qui agit et veut et choisit librement son heure et son lieu, pour connaître l'idée, en un mot, comme un être.

Mais si donc il en est ainsi, si telle est la nature de la pensée, comment s'étonner des effets produits par la mise en un seul faisceau des forces mentales d'une multitude, et comment calculer la puissance de leur dynamisme quand, selon la loi de croissance géométrique, leurs vibrations s'ajoutant les unes aux autres se multiplient ainsi les unes par les autres.

Et ne fait-on pas tous les jours l'expérience de ce que peut l'idée collective ? Sa force de suggestion se mesure à la somme d'efforts que doit faire celui qui tente d'y échapper, et au petit nombre de ceux qui parviennent à s'y soustraire.

Et quels prodiges n'opère-t-elle pas parmi nous ?

Prenez l'eau d'une source n'ayant ni vertu spéciale ni propriétés curatives; il suffit que la multitude attribue à cette eau le pouvoir de guérir pour faire d'elle un accumulateur merveilleux d'énergies bienfaisantes, de forces vitalisatrices, qu'elle ait foi au miracle pour qu'il s'accomplisse.

Grâce à la projection de cette pensée confiante, à sa concentration vers un même point, des incurables par centaines vont être guéris.

Et que ne pourrait une telle force consciente et disciplinée !

Partout où se forme un groupement d'hommes, si minime ou si grand soit-il, se forme aussi une accumulation d'énergies mentales inutilisées. Car chaque cerveau individuel se trouvant limité dans ses pouvoirs de formation et de matérialisation des idées, laisse flotter autour de lui toute la masse nuageuse des forces intellectuelles dont l'emploi précis dépasse ses moyens. Cette masse amorphe d'intelligence collective tend cependant, en vertu même de l'inconsistance de ses éléments, à s'organiser pour produire dans son ambiance et son milieu propres, une figuration spéciale et comme une image d'ensemble de l'être collectif dont elle est issue.

Chaque groupe d'hommes se trouve ainsi personnifié dans une sorte d'entité vivante dont l'aspect et pour ainsi dire les traits symbolisent ses caractères essentiels. Et si quelque idée religieuse vient s'y mêler, cette entité prendra sans peine la forme d'une divinité reconnue.

C'est ainsi que naquirent, en d'autres temps, la multitude des dieux familiers, des divinités protectrices du foyer ou de la cité.

Car, pendant longtemps les dieux se contentèrent d'être adorés par une seule tribu, un seul peuple ; et le culte des dieux autochtones se confondait ainsi avec celui des traditions d'un peuple ou d'une famille. Cela donnait du moins au mysticisme religieux une forme d'utilité pratique et sociale.

Et lorsque plus tard les collectivités différentes se trouvèrent groupées par la force des armes sous une même loi, en un seul empire, à Rome, par exemple, leurs Dieux respectifs cessant d'être rivaux, s'unirent aussi. Hôtes d'un même Panthéon ils fraternisèrent, et leur multitude sans cesse accrue procura ainsi, à chaque croyant, le choix de l'autel préféré, et à tous, le bienfait d'une facile tolérance et d'un éclectisme plein de sagesse.

Nous ne connaissons pas aujourd'hui de divinités nationales. D'abord parce que l'État n'y tient guère, et ensuite parce que l'Église préfère que son Dieu soit international. Et mieux vaut, en effet, pour lui que ses fidèles, dont le nombre décroît sans cesse, s'associent par-dessus toutes les frontières, quitte pour chaque peuple, en temps de conflit, à l'invoquer contre ses voisins.

Pourtant, les divinités nationales tombées à l'abandon sous leur forme ancienne, existent peut-être encore aujourd'hui sous des apparences nouvelles. Et ne peut-on les reconnaître sous l'habit laïque et parfois le bonnet phrygien qu'au cours des temps elles ont dû prendre ?

Car partout où l'unanimité d'une pensée patriotique et d'un sentiment national subordonne tous les intérêts individuels à un intérêt collectif, alors, par-dessus la masse des citoyens, se dresse, incarnant l'idéal commun, cette grande personne morale qu'est la nation.

Loin d'être une fiction, comme les juristes le pensent, cette personne morale est une personne réelle, un être vivant ; et le nom qu'elle porte, ses attributs et ses emblèmes ne sont que le symbole même de son individualisation véritable.

Suivant la nature et la qualité, la constance des pensées qui l'animent, cette personne est puissante ou faible, indolente ou laborieuse, généreuse ou vulgaire, géniale ou inéduquée ; selon les circonstances, elle est pour ses voisines amicale ou bien belliqueuse, et pour les dieux de la religion pleine de respect ou de morgue. Chez nous, de plus en plus, elle tend à les ignorer, comme depuis longtemps elle ignore aussi qu'elle est, au même titre qu'eux, un être divin.

Si elle se méconnaît de la sorte, et si nous autres qui la formons sans cesse ne regardons même plus comme une âme vivante cette âme de la nation, c'est que notre philosophie devenue scolastique, c'est-à-dire mise à l'école d'une théologie étroite et jalouse, nous a depuis longtemps accoutumés à ne considérer comme êtres réels que l'être terrestre et visible et son créateur invisible. Depuis lors, la pensée moderne l'ayant suivie dans cette voie n'a pas eu de peine à ranger ce créateur lui-même parmi les êtres de pure fiction, dont l'hypothèse est inutile à la science.

C'est ainsi que la religion croyant mieux servir le Dieu qu'elle veut unique, a tellement vidé l'espace autour de lui, qu'il a fini par s'y évanouir à son tour.

Comme les rois, les Dieux ont aussi besoin d'une cour, d'un cortège de demi-dieux qui leur fasse escorte ; sans quoi ils tombent au rang des autres mortels.

Si la théologie ne s'en était mêlée, notre philosophie aurait suivi, sans doute, un tout autre cours. Consciente de cette formation de notre pensée collective qu'est une entité nationale, elle ne lui aurait retiré tous ses caractères divins que pour les attribuer progressivement à une plus grande entité, formée par une plus vaste synthèse de forces mentales, celle qui, de jour en jour, se précise, personnifiant, par dessus tous les peuples, l'Humanité.

D'étape en étape, nous aurions pu passer ainsi du culte national des anciens à un culte moderne et plus universel, ne connaissant d'autre divinité que cette sublime personnification de l'humanité tout entière. Et cette divinité féminine eût été douce et bienveillante envers tous. Mais les dieux masculins ont usurpé son trône.

La religion du Dieu unique aurait ainsi pu être celle de tout l'idéal humain, c'est-à-dire en somme celle de la vérité et de la perfection progressives.

Mais le processus historique, dévié dans son ascension vers l'idée parfaite, ayant quitté son droit chemin, a suivi les interminables lacets des sentiers de montagne, des sentiers perdus entre les cimes et les bas-fonds.

*
* *

Aussi puissante qu'abusée, la pensée collective ignore les œuvres de sa fécondité formatrice. Tant qu'elle n'aura pas compris le mécanisme et les effets de son travail inconscient, elle l'accomplira au hasard des circonstances et des suggestions.

Jusqu'à présent, si de toutes pièces, elle a construit des divinités en grand nombre, c'est que tout d'abord elle avait été amenée à croire à leur existence réelle : c'est quand elle croit qu'elle crée. Mais si son propre secret lui était soudain révélé, si elle se savait créatrice, elle cesserait aussitôt de croire aux dieux qu'elle a créés, et ne pouvant d'ailleurs abdiquer d'aucune façon ses pouvoirs, ne pouvant même que les accroître en en prenant une connaissance précise, elle apprendrait alors à ne former que ce qui serait digne de l'être.

Le moment est venu peut-être où cette connaissance lui sera donnée, car de plus en plus nombreux sont les hommes qu'un instinct secret, sinon une science apprise, avertit des pouvoirs qu'ils portent en eux-mêmes, du prix et du poids qu'ont leurs forces intellectuelles, et de la responsabilité qu'ils encourent comme formateurs de pensées vivantes.

Car en dehors de ce contrôle de la pensée collective, qui ne peut être qu'un contrôle individuel, la masse amorphe des forces mentales émanées par la multitude demeure, avons-nous dit, à la merci des circonstances fortuites, des suggestions intéressées.

Il suffit qu'un point fixe lui soit offert pour qu'autour de lui aussitôt viennent se condenser, se cristalliser toutes les énergies éparses.

Accoutumée par de nombreux siècles à prendre forme religieuse, la pensée populaire, toujours en quête d'un Dieu nouveau, d'un Maître plus grand à servir, à craindre, à adorer, en trouve parfois d'elle-même l'idée première, la nouvelle image, dans quelque enseignement incompris, dans quelque vulgarisation déformée.

Partout où, par exemple, l'initiation d'une haute philosophie rendit possible les puériles interprétations de la foule, ce qui, d'abord, n'était que profonds symboles, devint souvent personnification concrète et simpliste, et littéralisme enfantin. C'est ainsi que des mythes, ces formes imagées de la pensée des sages, naquirent tous les dieux de l'Egypte, de l'Inde, de la Grèce et des pays Scandinaves.

Mais ces dieux, rejetons d'une très nombreuse famille, n'étant point, comme souvent le sont les fils uniques, gâtés jusqu'à devenir intraitables, avaient du moins tant d'affaires à régler entre eux qu'ils laissaient du loisir aux hommes. Il n'en fut pas, hélas! toujours de même.

L'un des caractères distinctifs de ces dieux mythiques, construits par la pensée populaire sur le canevas du symbole philosophique, est que bien loin de demeurer farouchement célibataires, ainsi que ceux des religions monothéistes, ils formaient, bien souvent, des couples assortis. Même les plus grands, Isis et Osiris par exemple, ne regardaient point l'union féconde comme incompatible avec l'état divin, si parfait soit-il. Et l'on peut là reconnaître la traduction théologique des plus profonds enseignements.

Au regard de la vraie science, tout est duel dans la nature, et si l'on veut réduire l'universelle réalité à ses ultimes abstractions, il faut dire qu'elle est le résultat de la progressive union de ces deux pôles de l'absolu : l'éternel masculin, l'énergie, l'activité pure, impensable pour nous en dehors de sa manifestation substantielle ; l'éternelle féminité, l'inertie, la passivité, la plasticité pure de la substance, impensable aussi hors de sa mise en forme par le dynamisme opposé. L'univers est le fils unique, l'Horus de cette éternelle dualité.

C'est dans ce haut concept que se retrouve l'origine des couples divins, comme aussi de tous les mythes trinitaires des religions. C'est là qu'il faut chercher le sens de la déification d'une vierge, symbolisant l'abstraite et pure substance dont la perméation par la vertu des activités de pôle contraire donnera naissance au fils éternel.

Il est curieux, à ce propos, de remarquer combien le mysticisme se contredit lui-même quand, au nom de l'esprit, il maudit la matière, tout en adorant la Vierge qui la symbolise et en proclamant son Assomption céleste, c'est-à-dire le droit de participation de cette matière à la vie divine intégrale.

Lorsque la déraison s'empare ainsi de la pensée d'une multitude, les dieux qu'elle forma, devenus infirmes, chancellent.

VI

Les Dieux solitaires

Le prophète et son Dieu. — La naissance du Dieu. — Sa nature. — Le monothéisme et la pluralité de ses Dieux. — Leurs combats pour la suprême domination. — La mort des Dieux. — L'athéisme du sage.

La pensée collective n'a pas toujours l'heureuse fortune de pouvoir se cristalliser autour de mythes transcendants. Souvent les canevas sur lesquels elle brode lui sont fournis d'autorité. Et l'image des Dieux qu'elle formera surgit toute armée du cerveau de l'un de ces pasteurs de peuples, de ces mystérieux inspirés, dont elle subit l'ascendant.

Les fondateurs de religions furent toujours,

en effet, ceux dont le pouvoir mental, conscient ou non, sut attirer et organiser les forces libres et les énergies formatrices émanées sans cesse par la multitude. C'est dans la masse amorphe de sa substance intellectuelle qu'ils sculptèrent les traits de l'idole nouvelle offerte à la foule.

Ici commence l'histoire des dieux conquérants et de leurs terribles prophètes.

Formés l'un et l'autre, l'un par l'autre, dans le recueillement, dans le secret de la solitude, le Dieu nouveau et son premier prêtre quittent leur désert ou bien descendent de leur montagne, allant vers les hommes.

Le Dieu de la solitude est un Dieu jaloux ; l'homme du désert, un homme implacable. Ils pourront être persécutés tout d'abord par ceux dont l'effroi instinctif s'éveille à leur approche, mais un jour, même s'il faut pendant des années l'attendre, ils les dompteront. L'idée force qui vit dans le cerveau de l'homme et la forme du Dieu, deviendra lentement l'idée dominatrice, et peu à peu toutes les pensées de l'ambiance seront amenées captives aux pieds de l'idole pour la nourrir, lui construire un corps digne d'elle, c'est-à-dire proportionnné à l'ampleur des foules qui l'adoreront, et l'armer d'une souveraine puissance.

De même qu'une pensée cultivée en nous, fût-elle tout d'abord sans grande importance, peut finir par nous dominer, par s'imposer avec une force que nous ne saurions plus endiguer, de même aussi l'être artificiel formé par la pensée d'une multitude, régira despotiquement chacun de ceux qui contribuèrent à sa formation, comme une volonté centrale régit chacun des éléments de l'organisme qu'elle anime.

Et son règne se prolongera bien au delà de l'existence de ses formateurs, fortifié sans cesse par la ferveur des générations successives, par l'offrande unanime et renouvelée de leurs plus pures forces mentales.

Ainsi naquirent et régnèrent au cours des temps, ces entités formidables, ces dieux solitaires dont les cultes envahissants semèrent toujours la panique à travers le monde.

Malgré leur pluralité, car ils se succèdent, et plusieurs à l'heure actuelle se partagent encore le monde, chacun d'eux fut nommé l'Unique ; et formé tout entier par la pensée monothéiste, il se crut tel de bonne foi.

Peut-être dira-t-on que c'est le même Dieu que les hommes adorent sous plusieurs formes et sous plusieurs noms. Il se peut, en effet, que derrière les simulacres divers, un être unique et mystérieux soit caché : nous verrons cela. Mais ce qui importe ici, ce sont justement ces formes et ces simulacres, ces images vivantes, ces réelles corporéités, car elles seules ont un rapport précis, un contact direct avec les hommes qui les construisirent.

Le Dieu de Mahomet ne peut être le même que celui du Christ ou bien de Moïse. La pensée collective qui les forma n'est point identique, et s'ils s'empruntent parfois l'un à l'autre les traits qu'ils jugent le plus glorieux, s'ils se ressemblent par quelques communs caractères, celui, par exemple, de prétendants à la souveraine domination, ces points de contact ne sont justement que des points de conflit entre eux. Et s'étant toujours combattus l'un l'autre, ils tentent encore de se détrôner mutuellement. Leurs guerres sans merci furent celles du genre humain.

Il est vrai qu'à travers les siècles, la pensée qui leur donna corps se modifia, s'adoucit parfois, et le Dieu des armées, le Dieu des rétributions et de la vengeance devint pour son peuple, autant qu'il le put, celui qui fait miséricorde. Chacune de leurs religions les justifie donc en disant : « Notre Dieu n'est point responsable de tous les crimes commis en son nom. »

Pourtant, chaque fois qu'un crime est commis en son nom, la pensée de ce crime s'éveille en lui; il suffit qu'elle soit pour prendre place et forme dans sa vie mentale au même titre que toutes les autres. Et quand cette pensée prédomine parmi la foule aveugle et fanatique de ceux qui l'adorent, elle prédomine aussi en lui-même. Les pures intentions et les volontés bienveillantes d'une rare élite parmi ses fidèles ne mettent en lui tout au plus que des scrupules de bonté, des velléités de douceur. Il faudrait que la masse entière des hommes qui veulent un Dieu, fût élevée à la perfection, pour que son Dieu fût un Dieu parfait ; mais cette perfection impliquant la sagesse et la connaissance des lois profondes du réel, exclurait par là même l'idée de ce Dieu.

En attendant, tant vaut l'Eglise tant vaut son Dieu, car elle est véritablement, comme elle le déclare elle-même, le corps de ce Dieu, en ce sens que c'est grâce à elle que ce Dieu prend corps. Et si, par-dessus tout, elle tient à son unité, c'est parce que instinctivement elle sent que tout schisme met de la division en ce Dieu lui-même, et parfois oblige à se dédoubler celui dont la raison suprême est d'être et de rester unique. Un tel événement est en général le commencement de sa ruine.

Car si la pensée collective ne peut encore utiliser ses forces toutes puissantes autrement qu'en les confiant aux mains redoutables d'un Tout Puissant, du moins se fatigue-t-elle parfois de la monotonie de ses formations, et lasse de l'idole qu'elle soutenait, la laisse-t-elle un jour retomber en poudre.

L'histoire est là pour dire à quel point les Dieux, même les plus grands, sont mortels.

Ils meurent ainsi qu'ils sont nés, soit parce qu'un Dieu victorieux les supplante de vive force, soit parce qu'un nouveau-né, ayant vu le jour dans l'un de ces berceaux que sont les cerveaux de prophètes, les chasse lentement des temples ainsi que des cœurs de leurs peuples ; soit, enfin, parce que ces peuples, en révolte contre les jougs autoritaires, ne veulent plus ni Dieux ni Maîtres. Mais cela ne dure qu'un temps.

Quelle que soit d'ailleurs la cause de leur ruine, ce n'est point sans des résistances parfois terribles qu'elle s'accomplit. Cette sorte de Dieux ne se résigne pas à mourir. Leur agonie est tumultueuse, et sous les ruines mêmes de leur piédestal renversé ils vivent encore. Ils survivent tant qu'un seul fidèle garde sa foi, tant que leur souvenir inspire le respect ou la crainte, tant qu'une pensée, semblable à celle qui les forma, les anime.

Ainsi, il peut se faire que malgré toute sa misère et son dénûment, déchu de toute majesté, réduit à sa forme la plus précaire, tel Dieu qu'un jour on croira mort, se survive ainsi à lui-même.

Mais tant qu'il règne, ceux qui espèrent pouvoir se soustraire à ses lois savent ce qu'il en coûte d'efforts et de peines. Peu d'entre eux réussissent à effacer en eux l'empreinte des siècles. Et les plus hardis sont souvent réduits à mettre au service de ce qu'ils nomment alors la libre pensée, le même sectarisme aveugle, fait de dogmes autoritaires, qu'ils combattent dans la religion.

Il ne suffit point, d'ailleurs, de nier ce Dieu pour lui échapper ; car le nier c'est encore penser à lui, comme l'affirmer c'est encore le nourrir de forces mentales.

Ceux-là seuls qui savent, qui connaissent le maître de l'heure, peut-être par une expérience intime et personnelle, peuvent se redresser devant lui. Et lorsque conscients des droits que leur donne leur dignité d'hommes et des devoirs que leur impose leur responsabilité de penseurs, ils lui refusent le tribu de leur piété, ils n'ignorent pas que c'est à leurs risques et périls qu'ils l'affrontent.

D'ailleurs l'attitude des sages vis-à-vis des Dieux, si hardie soit-elle, est toujours exempte de haine. Pourquoi haïr ces êtres ? Seraient-ils des potentats plus implacables, plus insensibles, plus odieux et monstrueux encore qu'ils ne le sont, ils ne pourraient l'être que parce que l'homme les pensa tels. En présence d'eux, tout ce que l'on doit éprouver c'est de la pitié pour les hommes, de la pitié pour leur misère ; car leurs Dieux sont le grand miroir où se reflètent toutes leurs passions, la grande image faite à leur ressemblance.

Qui donc ne pleurerait de pitié, d'une pitié toute faite de compassion, en les voyant se juger eux-mêmes si sévèrement que, pour répondre à leurs besoins et pour stimuler leurs progrès, ils pensent de pareils Dieux nécessaires !

VII

Les Dieux de proie

Les Dieux que n'a pas formés l'homme. — Force, substance et formes. — Les corporéités invisibles. — La beauté des Dieux. — Les rois de l'éther. — Leurs rapports avec l'homme et les divinités artificielles. — La conversion des Dieux. — Primauté de l'ordre terrestre. — Le bonheur des Dieux. — Leur despotisme : son utilité. — L'exploration du grand mystère. — La divine fascination. — L'affranchi des Dieux. — Ordre divin et social. — La morale de la soumission. — Les dieux arbitraires et le règne de l'harmonie. — L'union des croyants et le complot des Dieux. — L'homme et ses adversaires.

Les formes que construit la pensée humaine ne sont point les seules qui peuplent les domaines lointains de la vie. La pensée humaine n'est elle-même qu'une des manifestations de l'intelligence et de la vie universelles.

Comment réduire le réel au seul champ des formes que nous connaissons ou que nous créons ; comment limiter l'infini des progressions et des décroissances ?

Où commence, où finit le domaine des manifestations dynamiques et substantielles, c'est-à-dire celui des vivantes corporéités ? Partout où il y a substance et force il y a formes, corporéités.

Ces formes, sans doute, au sein des profondeurs invisibles, ne sont point telles que nous les imaginons dans notre impuissance à les percevoir.

Ce qui les distingue surtout de celles que nous connaissons c'est que, loin d'avoir cette fixité pauvre de la matière, elles sont libres, mouvantes, plastiques et changeantes à l'infini. Et plus on s'éloigne dans l'ordre des substantialités décroissantes, plus aussi elles échappent à nos catégories sensibles et spatiales, et plus nos représentations figuratives leur deviennent inadéquates.

Cependant, ce n'est point sans une profonde raison que notre pensée se refuse à concevoir de forme plus haute et plus noble que celle de l'homme pour en vêtir les individualités transcendantes.

Et l'anthropomorphisme se justifie quand il prête aux dieux personnels l'apparence corporelle de l'être humain idéalisé.

La forme humaine n'est-elle point, en effet, celle en qui se résument toutes les autres formes, n'est-elle point la synthèse de tous les symboles géométriques, de tous les rapports possibles de lignes, de dimensions, de mouvements, c'est-à-dire, dans les limitations de la matière, la plus complète et la plus haute manifestation de l'esprit.

Partout donc où l'esprit peut façonner ce suprême organe, révélateur de ses harmonies, la forme de l'homme apparaît, d'autant plus parfaite que l'état de substance est plus perfectionné.

Tandis que, dans l'ordre physique, les corps

les plus harmonieux ne sont jamais que des ébauches, des à-peu-près plus ou moins grossiers, des essais et des tentatives d'impossible perfection esthétique, dans l'éther vivant, au contraire, peuvent se construire les purs contours, les modèles, les types aussi variés qu'impeccables de la beauté, révélée tantôt dans sa majestueuse puissance et tantôt dans son infinie délicatesse. Et plus l'on s'éloigne dans le mystère substantiel des profondeurs universelles, plus cette perfection, plus cette beauté se fait indicible.

Comment l'homme, lorsque quelque regard intérieur, lorsque quelque vision mystique les lui révèle, n'adorerait-il pas ces formes comme celles d'êtres divins? Car il ne sait pas qu'elles sont siennes de droit, et qu'il peut lui-même, par sa croissance intérieure, revêtir aussi d'un corps glorieux les états ignorés de sa vie transcendante.

Mais que signifient ces formes parfaites, ces corps de lumière ? Simplement qu'une intelligence est à l'œuvre dans une matière affinée, qu'à leur gré ses forces moulent et pétrissent. Mais la vertu de ces forces n'implique pas nécessairement leur valeur morale, la qualité de cette intelligence peut être sans rapport avec sa bonne volonté ; le critère esthétique ne saurait être donc un critère éthique. Ne voyons-nous pas tous les jours la beauté physique s'associer aux laideurs morales, les plus purs visages cacher les plus impures pensées et des formes de chair parfaites masquer des âmes contrefaites ?

Parce que l'apparence est puissante ou bien radieuse nous nous trompons souvent sur le personnage réel, sur l'hôte inconnu du palais splendide. Ainsi les êtres qui nous ravissent et nous fascinent peuvent n'être parfois que des êtres de proie, et dans la double acception de ce mot des Dieux ravissants. Les intelligences que nous adorons sont souvent semblables aux aigles : elles planent au-dessus de nous et nous ne connaissons que leurs ailes dans la lumière, sans voir leurs serres tachées de sang.

⁂

Certes, parmi les êtres qui peuplent l'éther, comme parmi ceux qui peuplent la terre et les océans, il peut exister des monstres difformes et repoussants. La pensée humaine en forme souvent de semblables. Et si quelque circonstance fortuite ou quelque affinité secrète peut nous faire éprouver les risques et la terreur de leur rencontre, ce n'est point à eux cependant que nous avons affaire le plus souvent.

Depuis que l'homme vit en société, il a éloigné de lui le danger du fauve et de son étreinte, mais il s'est asservi à des maîtres, à des despotes plus affamés parfois et plus cruels encore. Toute la splendeur de leurs apparats et même toute la puissance dominatrice de leur génie ne saurait inspirer d'autre soumission que celle de la crainte, d'autre adoration que celle de l'hypocrisie.

Ainsi sont les rois redoutables, les Dieux de l'éther vivant.

Comme l'esprit humain a su, par son effort, comprendre et maîtriser certaines forces de la nature, ils ont aussi, par la souveraine magie de leur intelligence des choses, su se rendre complices toutes les puissances anonymes des profondeurs. Et quand le prédicateur de l'Eglise tente d'interpréter à la plus grande gloire de Dieu l'un de ces déchaînements soudains et terribles des forces obscures, en parlant d'holocaustes qu'un Seigneur du Ciel offrirait à sa colère ou à son amour, il ne croit pas parler si vrai, mais il ne sait de quel Dieu il parle.

Oui, derrière ces forces se trouvent des volontés et derrière ces formes aussi, derrière ces formations symboliques dont nous parlions et que crée sans cesse la pensée des foules, derrière ces divinités éphémères, des inconnus sont dissimulés, toujours prêts à devenir l'âme de ces corps vivants que l'homme prépare pour eux.

Et désormais, grâce à ce point d'appui qu'il leur offre dans sa pensée même, en façonnant les Dieux qui sans lui ne sont point, il s'asservit à ceux qui n'étant point Dieux veulent l'être.

Ici nous entrons un peu plus avant dans le secret des origines de chaque grande religion. Car, le plus souvent, la forme du Dieu nouveau que construira la multitude, n'est, au sein du premier cerveau qui la pense, que l'image du grand inconnu perçu par son premier prophète. Et tant que durera le vêtement divin que lui font les foules obéissantes, l'être avide de domination l'utilisera pour exercer et affermir sa puissance parmi les hommes.

Ainsi le Dieu mortel formé par leurs pensées servira de demeure au Dieu immortel, si toutefois on peut employer ce mot pour désigner les êtres qui subsistent tandis que passent les hommes, leurs œuvres, leurs croyances et leurs religions.

Et quand la corporéité offerte au potentat par ses fidèles deviendra infirme et caduque, il l'abandonnera pour une nouvelle, et, sous un autre nom, réussira peut-être à se faire adorer encore.

Parfois même, bien longtemps avant que la forme construite par les hommes ne lui échappe, il la rejettera ne la trouvant plus à son gré, la jugeant trop mal ajustée à la taille de ses désirs, ou bien la délaissera par simple caprice, fatigué de l'encens et des cérémonies monotones, excédé peut-être par les perpétuelles et sottes prières qui montent vers lui.

Mais s'il est des Dieux qui par mépris s'éloignent de l'homme, il en est bien peu qui dans leur commerce avec lui aient appris assez la pitié pour ne plus vouloir abuser de sa servile crédulité. Toutes choses pourtant sont possibles ; et pourquoi la compassion, à ce contact de l'infinie misère humaine n'aurait-elle pas fait abdiquer quelques-uns d'entre eux ?

Cependant, comme d'autres sans cesse se lèvent pour les remplacer, ce n'est pas de leur douteuse conversion qu'il y a lieu d'attendre le salut des êtres terrestres.

Il est vrai qu'en se substituant, au cours des siècles, les uns aux autres, les Dieux sans le vouloir, rendent service à l'esprit humain en l'obligeant, chaque fois qu'une religion nouvelle apparaît, à remanier ses croyances, ses conceptions et ses habitudes.

Alors que les croyants s'endorment, bercés par les vieilles chansons de quelque rite monotone, les trompettes du Dieu nouveau ébranlent leurs temples et leurs cités, et les voix prophétiques les réveillent soudain, annonçant les rajeunissements et les ruines.

Rien n'est plus salutaire que ces branle-bas religieux, ces destructions et ces reconstructions successives, martelant, d'époque en époque, sur l'enclume providentielle, la pensée humaine, l'assouplissant, la rendant plastique au feu de ces forges divines, pour la pétrir encore, ainsi qu'un métal en fusion, et le couler sans cesse en des creusets neufs.

C'est ainsi que, sans le vouloir, les Dieux préparent sa trempe définitive et forgent, dans l'esprit humain, l'arme qui doit les détruire un jour.

A ce point de vue, chaque culte nouveau, quel qu'il soit d'ailleurs, marque un pas en avant vers le temps promis où il n'y aura plus de temple dans la ville sainte.

Mais, en attendant, chaque ruine, chaque tombeau des cultes qui ne sont plus, marque une étape sur le chemin de l'humanité, et témoigne à la fois d'une mort rituelle et d'une renaissance spirituelle.

Etapes sanglantes, certes, que l'homme aurait sans doute évitées s'il n'eût pas soumis sa pensée à celle des Dieux.

N'est-ce point cette grande leçon que lui

donne l'exemple des splendides cultes institués jadis par des sages. En Chine, la religion des ancêtres, dans l'Inde, celle du Bouddha n'eurent point de Dieu. Et ce furent les seules aussi qui soient nettes du sang versé, les seules qui aient conquis le droit de dire : « Paix sur la terre ».

*
* *

Enfants pleins d'illusions que nous sommes, nous regardons toujours comme plus grands que nous ceux qui, demeurant cachés à nos yeux, ne sont visibles qu'à notre esprit ; plus grands que nous parce que justement il leur manque ce que, pour un instant, la naissance terrestre nous donne : un corps de chair, un moyen de travail, de maîtrise dans ce champ plus ardu mais aussi plus royal, plus imparfait mais plus intégral, plus réel, de la vie physique.

Toutes les énergies, toutes les volontés

transcendantes tendent assoiffées vers cette manifestation suprême de la vie consciente. Et nos prétendus Dieux nous envient pour ce que justement nous méprisons le plus en nous-mêmes.

Trop égoïstes pour vouloir supporter le poids des fatigues et des douleurs de la terre, ayant peur de l'effort, dans la laideur et la lourdeur de cette matière que l'on ne transforme qu'en la supportant, que l'on ne transfigure qu'en la revêtant, ils veulent, n'ayant pris aucune part à notre travail et à notre épreuve, que nous leur en consacrions la gloire et le fruit.

Quand donc apprendrons-nous que nul n'a de droit sur la terre que celui qui s'y trouve et la cultive de ses mains.

Nous sommes infimes peut-être devant ceux que nous adorons, mais eux devant nous sont infirmes ; ils ne peuvent toucher l'offrande que nous mettons sur leurs autels, et même l'odeur la plus pure des encens que nous y brûlons leur échapperait si nous n'y mêlions nos prières et nos pensées.

S'ils règnent sur nous, c'est que la royauté plus sublime de l'ordre physique n'a pas encore été révélée ; s'ils sont nos maîtres, c'est parce que devant leur intelligence celle plus intégrale de la matière ne s'est pas encore éveillée ; s'ils sont nos Dieux c'est parce qu'en nous le Dieu plus grand s'ignore encore.

Vous ne parlez, me dira-t-on, que des Dieux méchants, n'en est-il point de bons, parmi la foule de ces démons ? Dieux et démons ce sont là des mots arbitraires dont le sens m'échappe tant il varie d'un siècle à l'autre. On appelait démons, jadis, les dieux bienfaisants et intimes, les génies familiers et inspirateurs.

Mais, d'autre part, comment nommer bons des êtres qui, d'en haut, regarderaient les hommes sans jamais condescendre à venir à leur tour porter leur fardeau, et sachant qu'ils en meurent, sans venir mourir avec eux ?

Sont-ils méchants ? Je ne sais pas non plus ce que ce mot veut dire. L'être qui vit aux dépens d'un autre, qui se nourrit de la chair d'un autre, nous paraît malfaisant sans doute. Est-ce sa faute ? Qui peut le dire. Il est né parasite, il n'est pas méchant.

Et ces êtres dont nous parlons, ces êtres que nous avons tort d'adorer et que nous aurions tort de juger, serait-il plus sage de les haïr que de les aimer ? Mais haïr, c'est nous rendre semblables à eux. Il ne faut point aimer, certes, par ignorance. C'est quand on a connu ce qui pourrait être haï qu'alors on peut apprendre à aimer.

Sont-ils méchants, c'est-à-dire sont-ils heureux de nous nuire ? Plutôt que d'affirmer cela, mieux vaut espérer le contraire.

Enfants, enfants ! nous parlons du bonheur des Dieux. Mais comment concevoir qu'ils puissent être heureux ? Car s'ils sont bons et s'ils nous aiment, quelle horrible détresse doit être la leur, et s'ils ne sont pas bons et s'ils n'aiment pas, de quoi donc, sans amour, pourrait être fait leur bonheur ? Ne savons-nous pas que dans les cieux des cieux comme sur la terre, il n'est point de bonheur possible sans amour.

N'essayons donc point de qualifier par d'enfantines appréciations, par de sommaires et vains jugements, ces êtres qui nous dépassent. Ce n'est point en leur attribuant des titres et des étiquettes que nous pourrons apprendre à les connaître tels qu'ils sont. Tous sont dieux à quelque degré, tous sont dieux autant qu'ils le peuvent ; et pourquoi ferions-nous injure à certains d'entre eux en leur infligeant des noms moins honorables qu'aux autres, des épithètes qui les diminuent ?

Dans cette hiérarchie d'êtres dominateurs qui tous veulent être des Dieux, ce qui distingue les plus grands et les plus parfaits, c'est surtout l'intelligence lumineuse qui les fait resplendir comme des soleils dans le firmament de l'esprit. Cette intelligence, il est vrai, dans la mesure où elle leur permet de communier avec l'essence même des profonfondeurs universelles, leur permet aussi d'exercer une influence rayonnante à la fois plus puissante, plus étendue et, dans un certain sens, plus bienfaisante aussi. Car si redoutable que soit la puissance intellectuelle mise au service d'une ambition, elle l'est pourtant moins que la brutale stupidité d'une force obscure.

Ce fut donc un grand progrès dans l'histoire que l'avènement de diviintés de moins en moins frustes et barbares, dont le despotisme plus clairvoyant unifia les peuples en les éduquant.

Mais les bienfaits accordés aux hommes par de telles intelligences furent payés d'autant plus cher qu'elles se trouvaient justement plus puissamment armées pour les asservir. Et les grandes religions qui portaient en elles le principe de tant de progrès sociaux, contenaient dans leur grandeur même une plus terrible menace pour la véritable et libre croissance humaine. Elles élargissaient l'horizon des peuples ; mais plus vaste devenait ainsi leur domaine, plus épaisses aussi se faisaient les murailles de son enceinte, plus hautes les forteresses qui le bornaient.

C'est ainsi que les Dieux, en devenant plus beaux, se font plus terribles, car si la suprématie de l'intelligence leur permet de toucher aux grandeurs suprêmes, elle leur permet aussi de consommer l'attentat suprême. Elle n'est qu'un glaive à l'éclair glacé tant que sa lumière ne s'adoucit point à la chaleur du foyer d'amour et d'abnégation, qui éclaire le cœur de l'être, l'âme de l'esprit.

Si les Dieux les plus grands pouvaient grandir encore jusqu'à cette intelligence parfaite qui est celle de la perfection, ils ne seraient plus Dieux par-dessus les hommes, car ils ne voudraient plus régner sur la douleur.

Mais ils ne sont encore que des Dieux et ils règnent.

※

Nous touchons ici au véritable fondement de l'expérience religieuse la plus authentique. Cette expérience suppose, en effet, l'existence réelle des objets de la dévotion, de la prière, de la foi, et les possibilités intérieures, celles que l'on nomme spirituelles, de contact, de communion avec ces objets.

Il est vrai que très rares sont, parmi les croyants, ceux dont la foi repose sur une expérience intime et personnelle : elle n'a d'autres bases, pour la plupart, que celles de la tradition, de la coutume, des influences du milieu, en un seul mot, de la suggestion collective. Qu'une suggestion contraire intervienne, et la croyance pourra faire place à la négation, sans que cette nouvelle attitude ait une valeur plus grande que la première. Ainsi s'expliquent beaucoup de conversions dans l'un ou l'autre sens, qui ne libèrent l'individu des erreurs passées que pour l'assujettir à des ignorances nouvelles.

Ceux dont la foi est bâtie sur le roc d'une expérience ont beau jeu pour répondre à leurs contradicteurs qu'ils ne sauraient juger de la réalité et de la solidité de ce roc, tant qu'ils errent, poussés par les flots et les vents contraires, loin des rivages inconnus de la vie profonde.

Mais où sont ceux qui, ayant exploré assez le pays du mystère pour en connaître les aspects changeants, pourront, à leur tour, faire comprendre à ces croyants dont l'expérience s'y enracine, quelle est leur propre erreur et leur propre ignorance. Car dès qu'ils ont touché le sol vertigineux, ils s'y fixent ; naufragés éperdus, leurs mains se cramponnent au premier objet qu'ils ont pu saisir en atterrissant. Ainsi de l'infini rivage, ils ne connaissent qu'un seul point ; parmi les innombrables découvertes, ils ne connaissent que la leur ; parmi tous les Dieux ils ne connaissent que leur Dieu.

Il suffit qu'ils aient été mis un seul instant par leur ferveur, leur soif de vertige et leur passion d'amour surnaturel, en présence de l'un de ces êtres, pour que, dans une extase, ils reçoivent le baiser de feu des noces spirituelles qui les liera, qui les abîmera pour jamais en lui. Ils lui appartiendront désormais comme le sarment consumé au brasier ardent. Et d'autres à leur tour, gagnés par la même flamme, viendront s'y embraser aussi.

Mais quelle sera l'intelligence humaine assez forte, le cœur assez vaillant, l'âme assez puissante pour s'approcher ainsi de l'un de ces Dieux, le connaître, et puis, l'ayant vu tel qu'il est, se soustraire à la terrible fascination ?

Celui-là seul saura leur nature et leur nombre, ayant conquis le droit d'entrer et de sortir de la maison des Dieux et de visiter leurs royaumes sans qu'aucun d'eux puisse désormais l'y emprisonner.

**

Les cas d'illumination mystique étant exceptés, la foi du grand nombre n'a d'autre fondement que celui des convenances sociales et politiques.

On comprend dès lors que le principal argument des apologètes se réfère surtout au caractère pratique, au rôle utilitaire de la religion considérée comme un frein moral, comme un moyen de discipline des individus et partant des foules, comme une garantie de l'ordre social. Car, au même titre que toutes les grandes idées directrices et unificatrices des activités individuelles, l'idée religieuse a pour résultat, lorsqu'elle est assez puissante pour être obéie, d'imposer à tous, fidèles ou non, une même règle d'autorité, une même contrainte s'exerçant par le dogme sur les cerveaux, par le code moral sur les actes extérieurs, sur les rapports des hommes entre eux.

C'est autour de l'autel que tous les foyers s'organisent ; et l'architecture de la cité dépend tout entière de celle du temple dressé à son centre, dont elle n'est que l'enceinte protectrice, le prolongement. Nulle autre loi pour elle n'existe, au début, que la loi divine et sacerdotale. Et quand, après les siècles écoulés, s'oublient les origines premières, c'est encore la tradition religieuse qui se retrouve dans les institutions, les mœurs, les coutumes, les fêtes du peuple laïcisé.

Si bien qu'au jour où la collectivité se décide à extirper de son sein toutes les racines de la croyance, elle ébranle au-dessous d'elle le sol si profondément qu'une ruine immense semble la menacer tout entière. Et sa destinée demeure incertaine tant qu'elle n'a point trouvé d'autre fondement pour remplacer celui de la foi religieuse.

Ainsi, c'est donc un réciproque appui que se prêtent mutuellement, tant qu'ils restent associés, l'ordre social et l'ordre divin. Rien n'assure, autant que la religion, la sécurité de l'État, la stabilité des institutions. Rien, d'autre part, ne sert autant le Dieu régnant que le maintien d'une discipline dont les principes mêmes s'inspirent du culte qui lui est rendu. Comment pourrait-il concevoir chose plus favorable à la réalisation de ses vœux ?

Aussi pour les croyants les Dieux sont-ils sévères ; ils exigent qu'ils donnent à tous l'exemple de la discipline parfaite, et résument pour eux tous les autres devoirs en celui de l'obéissance, toutes les vertus en celle de la soumission.

Mais comme il n'est pas de règle arbitraire qui puisse se passer de sanctions, ils dressent autour de l'homme tout l'appareil des châtiments ou des récompenses ultimes, et l'enchaînent ainsi, pour mieux le soumettre, à ses obscurs instincts d'égoïstes désirs et de crainte ignorante.

A ne regarder que les apparences, lorsque du moins elles ne dissimulent pas autre chose, rien ne paraît certes plus respectable que la moralité du croyant. Il semble que son chemin de dévotion soit un chemin de perfection ; et quand il se compare à l'insoumis qui marche où ses désirs le mènent, comment ne glorifierait-il pas, sans songer au péché d'orgueil, l'œuvre de son austérité ?

Et comment pourrait-il comprendre ce qu'est la vertu véritable, ce qu'est le progrès digne de ce nom ? Etant ce qu'il est, il ignore désormais ce qu'ils sont : l'éclosion des plus pures spontanéités, l'épanouissement des fleurs de l'âme, les fruits d'une sève vivante.

Car nul progrès et nulle vertu ne peuvent naître de l'extérieur, des prescriptions ou des restrictions d'une autorité étrangère, fût-elle même celle d'un Dieu ; ils ne sauraient être que mensonge et hypocrisie s'ils ne sont point la libre affirmation de l'être intérieur qui s'éveille, du moi plus profond qui s'éclaire.

Si par la rigueur des préceptes et des lois morales, les Dieux favorisent ainsi l'ordre social, ce n'est point par amour pour cet ordre lui-même, mais seulement dans la mesure où il peut assurer leur règne. Pour étendre ce règne, s'il le fallait et s'ils le pouvaient, ils le ruineraient aussitôt. Car n'étant point naïfs et aveugles, ils savent bien que ce que les hommes nomment l'ordre n'est jamais qu'un état de choses utile à certains intérêts, et qu'à ce point de vue il est autant d'ordres sociaux possibles que de groupes d'intérêts différents.

Aussi les différents régimes peuvent se succéder, s'abolir l'un l'autre sans qu'aucun des Dieux s'en soucie, à moins qu'il n'y trouve profit.

Un seul régime, un seul ordre, en somme, leur paraît digne de respect: celui, quelle que soit d'ailleurs sa nature, que leur ambition grandissante voudrait de proche en proche imposer à l'empire de l'univers.

Rien de plus spécieux que les raisonnements séduisants et trompeurs par lesquels ils tentent de fonder la légitimité de leurs prétentions. Ces prétentions, d'ailleurs, ne sont qu'une amplification étendue jusqu'aux limites de l'universel, des ambitions de tous les gouvernements de la terre.

« Quand tous les êtres et toutes les choses cosmiques, affirment-ils, se trouveront soumis de bon gré ou de vive force à la même loi, à la même volonté souveraine, tout désordre, toute souffrance prendront fin, tous les conflits se résoudront en une harmonie éternelle. »

Il en serait ainsi, en effet, si l'harmonie des choses vivantes pouvait s'instituer autoritairement, par la contrainte d'une loi.

Or, s'il n'est point, en aucun Etat, de force capable de réduire à merci la poussée formidable des aspirations de la foule, d'endiguer le torrent de ses insatiables désirs, il n'est point non plus, dans tout l'univers, de volonté divine et de gendarmerie spirituelle capables d'arrêter les marées montantes de l'évolution, les flots sans cesse mouvants et changeants de la vie inlassable dans ses manifestations progressives, les vagues éternelles de l'infini.

Comme toute chose tendant vers la perfection, l'ordre et l'harmonie ne peuvent être qu'un perpétuel devenir de l'être cosmique. Et si quelque chose est de nature non pas à hâter mais à troubler ce devenir, à l'interrompre, c'est justement l'intervention des volontés arbitraires. Les Dieux qui prétendent décréter l'ordre n'en sont que les adversaires et les destructeurs. Et sous le règne de leur loi, si ce règne n'était une absurde chimère, au désordre vivant des choses succéderait l'ordre immuable de la mort, l'immobile chaos d'où ne pourrait plus naître la croissante et progressive harmonie.

*
* *

Toute l'histoire humaine est celle du complot des Dieux, et de leurs conflits en vue de la suprême domination.

Nous avons entrevu déjà comment s'opposent et se heurtent les formes ethniques dont ils se revêtent au sein des races différentes. Et nous savons comment, au cours des longs siècles, ils mirent aux prises les peuples sur lesquels chacun d'eux régna.

Quel fut le résultat de leurs chocs titaniques : ils se trouvent encore dressés, impuissants et égaux, les uns en face des autres.

Il se pourrait donc qu'instruits par cette longue et dure expérience, sachant qu'ils ne peuvent ni se supplanter ni se vaincre, ils aient conçu des pensées nouvelles.

Il semble, d'autre part, qu'un danger commun les menace qui grandit d'époque en époque, à mesure que s'accroît et s'approfondit l'intelligence de l'humanité.

Si, jadis, bien souvent l'indifférence à leur égard remplaça peu à peu la foi que les hommes avaient en eux, aujourd'hui cette foi comme aussi cette indifférence ignorantes tendent à faire place aux exactes notions d'une connaissance libératrice. Et s'ils ne tremblent pas encore devant les hommes, les Dieux sentent pourtant que leur règne, devenu précaire, exige d'eux le sacrifice de leurs rancunes personnelles et de leurs ambitions respectives.

Il se rapprochent, ils lient connaissance, et si leurs arrière-pensées demeurent les mêmes, ils les dissimulent pourtant sous des apparences presque courtoises.

Pour eux, ainsi que pour les peuples devenus prudents, le régime de la guerre ouverte se transforme en astucieuse diplomatie. Que quelques penseurs encore apparaissent, ils se fédéreront peut-être, ils fonderont la sainte alliance des Dieux.

Tout près de nous, les Dieux secondaires qui président aux destinées des sectes et des confessions chrétiennes rivales, semblent vouloir s'effacer devant un plus grand, se fondre dans l'unique Dieu de leur origine. Et l'on peut voir déjà les frères ennemis, que tant d'autodafés jadis séparèrent, oublier le passé et gainer les armes, pour ne plus songer qu'aux intérêts communs qui les réconcilient. On appelle cela l'union des croyants.

Mais ce ne sont pas seulement les petites principautés vassales d'une même foi qui tendent à se rapprocher, ce sont aussi les Dieux superbes, les Dieux conquérants et jaloux qui jusqu'ici s'ignoraient l'un et l'autre, chacun d'eux voulant être unique, ou se combattaient sans merci ne pouvant accepter l'idée d'un partage de la suprême autorité.

Voici pourtant qu'un rapport tout nouveau semble naître entre eux, ils s'étudient mutuellement, ils sont tout près d'avoir du respect les uns pour les autres.

C'est ce commencement d'une entente commune qui se traduit dans les congrès des religions, en attendant leur parlement.

Plus significatif que tous dans cet ordre de choses, est le fait que toute religion nouvelle tend désormais à se fonder sur le principe d'un éclectisme compréhensif, d'une tolérance absolue. L'égalité de toutes les croyances antérieures y est proclamée, et tous les Dieux des autres religions s'y retrouvent, éclairés par une commune auréole, mais contraints de mettre en un seul faisceau leurs sceptres divers, et d'abdiquer ainsi au profit d'un plus grand leur autorité souveraine.

De telles tentatives ne doivent point être accueillies sans intérêt ni sympathie, car elles constituent, sur les religions précédentes, un appréciable progrès. Le mérite, d'ailleurs, n'en revient point aux Dieux contraints de se plier à une tactique nouvelle; il faut l'attribuer tout entier à l'effort persévérant de l'intelligence qui, progressivement, substitue au sectarisme de la foi le discernement d'une critique d'autant plus sereine qu'elle est plus libre.

L'émancipation de l'esprit humain va de pair avec la croissance de ses facultés de discernement, et dans la mesure où s'affaiblit l'emprise du dogme, se développe aussi la science des religions.

Quand donc, aux multiples causes qui sans cesse rapprochent l'une de l'autre les nations diverses, s'ajoutent celles qui permettent aux hommes de se mieux comprendre et aux croyants de se reconnaître sous les masques divers de leurs traditions respectives, la pacification qui s'ensuit désarme leurs Dieux. On peut dire que par leurs progrès ils obligent ces Dieux à s'amender eux-mêmes. Car tout ce qui rend plus étroits leurs liens de solidarité mutuelle rétrécit aussi le cercle où se meuvent les divinités personnelles, et les impersonnalise en quelque mesure en les contraignant au dur sacrifice de leurs ambitions sans mesure.

Mais pour les Dieux, plus encore que pour les hommes, la contrainte ne saurait être un motif suffisant de se transformer, et leur conversion exige, nous le verrons, bien d'autres épreuves.

Aussi n'est-ce point de cela que l'humanité doit attendre sa délivrance. Et son progrès, s'il s'accomplissait dans ce sens, ne ferait, en l'affranchissant des tyrannies particulières, que l'assujettir à la collective et totale domination de ce consortium formidable des Dieux.

C'est pourtant à cela que tendent aujourd'hui les aspirations de trop de croyants aussi peu clairvoyants que bien intentionnés.

Ils préparent ainsi le jour où, en face non pas d'une ignorante « libre pensée », mais de la pensée libérée par la connaissance intégrale, se dressera le bloc organisé de toutes les religions de la terre, l'armée unifiée des Dieux.

Jamais l'humanité n'aura servi de champ de bataille à plus formidable conflit.

Alors, ainsi qu'au premier jour dont parle la Genèse, il y aura un soir et il y aura aussi un matin, il y aura le dernier crépuscule, le dernier soir des Dieux et le matin de l'homme, la première aurore de sa naissance comme surhomme.

VIII

Le Dieu des Dieux

Par-dessus la cité des Dieux. — L'innomable. — Son dessein. — Son œuvre. — Sa ruse. — Le Dieu de la Mort. — Ceux qu'il trompe. — Les signes qui ne trompent pas. — La règle d'or du discernement. — La loi des Dieux et la loi de l'Amour qui est Dieu.

Prolongeons les lignes : il n'est point de domaine dans lequel l'intelligence puisse s'arrêter, et sa limite n'est point atteinte tant que de multiples objets sont encore distincts pour elle. Elle y touche seulement lorsque tout lui devient insaisissable et qu'elle arrive au bord d'un au-delà brumeux, où toutes les formes fuyantes se fondent, pour elle, en cet indiscernable que son impuissante analyse nomme l'unité. En cette unité se trouve l'ultime pensée après laquelle il n'est plus rien pour chaque esprit que l'impensable.

Il nous faut donc aller plus loin, à travers les portes secrètes, sur la route qui nous a conduits au pays des Dieux ; il nous faut monter plus haut que leurs temples, vers la cime voilée de mystère, vers le pic couronné d'éclairs.

Pourquoi nous arrêterions-nous plus longtemps parmi la foule des divinités dont les unes nous sont trop connues pour qu'il soit nécessaire de rappeler leurs traits familiers, et les autres trop innombrables pour qu'il soit possible d'esquisser leurs silhouettes insaisissables.

Pour l'esprit que ne borne pas une croyance particulariste, et qui n'est pas aveuglé au point de nier tout ce qu'un dogme exclusif ne reconnaît pas, la multiplicité de ces Dieux, de ces tribus, de ces légions de Dieux, n'est point douteuse. Mais quelle découverte l'attend s'il comprend ce qu'implique leur existence même !

Où donc est l'origine de l'infinie variété des êtres et des choses vivantes si ce n'est dans la vie une et universelle ? Où donc est l'origine de ceux dont nous venons de parler, de ces personnalités exclusives, de ces puissances arbitraires et despotiques, de ces Dieux en conflit qui déchaînent à travers le monde tant de haines, de violences et de terreur ?

Si derrière toutes les hiérarchies en désordre des formes et des forces de la nature se trouvent des Dieux, derrière toutes les hiérarchies rivales de ces Dieux, au-dessus d'eux tous, se dresse l'ombre immense de celui qui se fait nommer et que l'on nomme le Dieu Suprême, le Dieu par excellence, Dieu ; celui qui usurpant le nom aux quatre lettres, le nom indicible de l'Impersonnel, à la place du « Je suis » que manifestent toute vie et tout moi individuel, s'est fait appeler Jéhovah.

Qu'est-il ? de quelle essence est-il formé ?

d'où tire-t-il son origine? Qui peut le dire...

Entre l'éternel masculin et l'éternel féminin dont l'union génère tout ce qui est, il est tout ce qui les divise.

Il est la manifestation de tout ce que l'univers contient de forces en désordre et de volontés en révolte contre l'harmonie essentielle et progressive.

Et c'est bien vrai qu'il est le Dieu unique, parce qu'en lui s'unifient tout le despotisme et toutes les passions terribles, toutes les haines des autres Dieux. Il résume toutes leurs pensées en un seul dessein : épuiser, au profit d'un gouffre d'insatiable personnalité, la vie cosmique dans sa croissante manifestation; ravager l'ordre universel comme on ravage une moisson dans son germe, en vue de l'ordre arbitraire qu'il veut établir ; être enfin sinon le premier, car il ne saurait y avoir de premier au sein de l'éternelle origine, du moins le dernier, le seul, le formidable Moi définitif.

*
* *

Tout son effort tend à absorber en lui, pour les faire siennes, les forces libres et vivantes, et parmi ces forces surtout celles qui dans la substantialité la plus grande proviennent des sources les plus profondes : celles de l'homme.

Se nourrir de l'homme chaque jour, à chaque minute, inlassablement, de l'homme qui résume en lui toutes les formes accumulées, toutes les possibilités synthétiques, tous les devenirs merveilleux ; se nourrir de l'homme en l'attirant à lui par violence et de vive force s'il ne peut le faire autrement, mais s'en nourrir, surtout, en l'attirant par des cordeaux d'amour, en obtenant qu'il s'offre et se donne de son plein gré, sans résistance, volontairement, amoureusement, qu'il s'entr'ouvre lui-même comme un fruit mûr pour livrer sa pulpe la plus précieuse, pour lui faire goûter le cœur de son être, voilà la volupté suprême de ce Dieu.

Et c'est pourquoi, au cours des siècles, il mit tout en œuvre pour séduire l'homme, avec des ruses telles qu'il fut presque toujours impossible, même aux sages, d'y échapper.

Par l'intermédiaire des autres Dieux, les religions et les institutions humaines furent viciées dans leur principe et lui servirent d'instruments.

Grâce à l'ignorance, cette pire faiblesse d'où naquirent la peur, la violence, le mensonge et la convoitise, l'homme se trouva toujours sans défense devant son terrible ennemi, et se rendit lui-même complice des maux dont celui-ci l'accabla.

Seul un instinct puissant de conservation, l'effort protecteur de la vie en lui, l'arrêtèrent toujours sur la voie de la destruction ; et ne pouvant, ainsi, l'atteindre dans son corps, Dieu voulut, du moins, détruire ce que l'homme appelle son âme. C'est pourquoi il fut enseigné dès les premiers âges que l'homme doit son âme à Dieu. Tout le mysticisme faussé dérive de là.

Et c'est ici qu'apparaît dans tout ce qu'elle a d'atroce la ruse de Dieu.

Car si pour détruire cette âme, il l'avait fait souffrir comme souffre le corps, elle se serait à son tour mise en garde et même en révolte. Mais c'est par les plus exquises jouissances qu'il la conquiert.

Il lui promet, si elle consent au grand abandon, les suprêmes félicités. Il lui fait entrevoir les délices du jour où elle acceptera de se perdre en lui, de se résorber dans son sein. Ce n'est pas seulement par de simples promesses qu'il la pousse ainsi au suicide : c'est par le don des arrhes célestes, par l'avant-goût du dernier baiser, par les joies mystiques du renoncement, et les voluptés sans rivales du sacrifice toujours plus complet.

Alors, cédant enfin au formidable amour dévorant qui l'attire, dans une extase elle s'abandonne, et trompée, vaincue, consentante, elle s'épuise jusqu'à la mort en l'étreinte du terrible amant.

*
* *

D'aucuns verront ici symbolisme fictif, imagination pure, et pourtant rien n'est plus tragiquement, effroyablement véridique.

D'autres n'y verront que blasphème, audacieuse impiété, et pourtant jamais dessein ne fut plus pieux que celui qui m'inspire ici.

Qu'on me loue ou qu'on me maudisse, qu'importe. Une seule chose compte : démasquer le Dieu destructeur des hommes.

Ce Dieu je l'ai moi-même adoré jusqu'au jour où je l'ai connu tel qu'il est. C'est ainsi qu'il faut que le voient tous ceux qui l'adorent encore.

Beaucoup déjà lui ont échappé en l'ignorant, en lui déniant l'existence. Pour beaucoup, l'ignorance et la négation sont les seuls moyens de se libérer. Ils ont permis du moins, par leur nombre, qu'on puisse, en notre temps, parler aux autres sans que la flamme d'un bûcher vienne étouffer la voix qui s'élève.

C'est donc aux autres que je parle, à ceux qui croient, afin qu'ils sachent, et afin que sachant ils fuient.

Car ce Dieu qu'ils adorent, qu'ils appellent des plus doux noms, qu'ils prient ainsi qu'un bienfaiteur, auquel ils parlent comme à un père, ce Dieu en qui ils mettent toute leur foi, toute leur confiance, toute leur espérance, tout leur amour, ce Dieu qu'ils prennent pour le créateur et le dispensateur de la vie, c'est le Dieu destructeur des vivants et des morts, le Dieu de la Mort.

*
* *

Mais on dira : comment penser une telle chose ; comment concevoir justement que cet être de proie, ce monstre innomable puisse donner aux hommes leurs joies les plus hautes et leurs sensations les plus pures, qu'il puisse inspirer aux meilleurs, aux élus de l'humanité ces passions sublimes d'amour, de dévouement, d'abnégation, qu'il puisse faire fleurir en eux ces fleurs divines et les conduire jusqu'au sacrifice, cette ultime victoire de l'âme ?

Comment l'expliquer ? Mais c'est cela même qui constitue le crime de Dieu, c'est ce mélange de sa plus impure pensée avec les plus pures pensées de l'homme, cette union contre nature, cette subtile perméation de ce que le chaos peut cacher de pire dans ce que la vie peut élaborer de meilleur.

Et c'est cela qu'il faut abolir, ce mélange, cette confusion, cette traîtrise. Et comment l'abolir alors qu'on ne l'aperçoit même pas ? C'est cela qu'il faut éclairer d'une lumière ardente, implacable, d'intelligence spirituelle. C'est là qu'il faut faire pénétrer ce glaive de feu, ce glaive à deux tranchants dont parlent les Écritures, qui entre parmi les invisibles jointures et pénètre jusqu'à la moelle, qui sépare et répare, qui blesse et guérit.

Mais comment reconnaître, dira-t-on encore, parmi ces forces transcendantes qui sans cesse agissent sur nous et en nous, quelles sont les adverses ou les bienfaisantes ; parmi les êtres qui les manifestent en toutes les régions de la vie, quels sont les amis de l'homme ou ses adversaires ?

Certes, il est un critère que chacun porte au fond de soi-même. Mais combien peu savent descendre assez profondément dans les sanctuaires intimes, dans les tabernacles intérieurs, pour y consulter l'oracle infaillible.

Ceux qui ne vivent que d'apparences extérieures, ceux qui ne consultent que leurs sensations, impulsions, répulsions, désirs, craintes, plaisirs ou peines ; ceux qui nomment sentiment la force en eux, l'élan de ces choses, et pensée leurs formules conventionnelles ; ceux qui appellent âme cette conscience formée tout entière d'éléments empruntés à l'ambiance la plus voisine, faite à l'image du milieu, ceux-là ne peuvent pas se défendre. Ne se connaissant point eux-mêmes, comment pourraient-ils reconnaître ce qui est plus grand qu'eux ?

Or, ils forment la presque totalité de l'espèce humaine. Même ceux qui se croient très grands et très savants, même ceux qui se croient très maîtres d'eux-mêmes, très spirituels, très purs, très parfaits, même les saints sont sans défense. Ils sentent, ils croient, ils pensent peut-être, ils ne savent pas.

Alors, il faut pour tous un signe extérieur, quelque chose qu'ils puissent apprendre et qui leur permette de discerner. Il y a deux choses surtout qui peuvent leur servir de pierre de touche, les garder de l'erreur mortelle, guider leur cécité dans la nuit, deux choses qui sont simples, à la portée de tous et dont beaucoup ne voudront pas cependant, tant est puissante la fascination qui agit sur eux.

Ce sont deux signes, presque deux stigmates, qui ne trompent point, car ils apparaissent presque toujours chez ceux-là qui se laissèrent tromper.

Ceux qui par ignorance ou par affinité spéciale, de parti pris ou de bonne foi, se font les serviteurs du Dieu personnel, égoïste, du Dieu jaloux, reçoivent de lui la même inspiration despotique dont il est formé tout entier ; ils sont sectaires, ils condamnent tout ce qui n'est pas leur croyance, leur culte, leur foi ; ils combattent même la pensée qu'ils servent si elle se revêt de formes différentes dont ils ne peuvent plus reconnaître le sens ; et pour détruire ce qu'ils nomment l'erreur et l'impiété, ils détruiraient aussi, s'ils le pouvaient, ceux qui les professent.

Jadis, pour sauver les âmes, ils brûlaient les corps ; aujourd'hui ne pouvant plus brûler les corps, ils torturent les âmes qui tentent de leur échapper ; ne pouvant plus tuer, ils maudissent. Et même quand leur malveillance se dissimule sous l'apparence doucereuse d'une hypocrite charité, on peut encore reconnaître en eux la marque de l'adversaire en cette charité qui caricature l'amour.

Tel est le premier signe.

Voici le second : Méfiez-vous du mysticisme qui rend malade.

∴

Mais il est surtout une règle d'ordre, une règle d'or, qui peut servir à tous de sauvegarde ; il est un bouclier assez puissant pour résister à tous les traits, même les plus subtils, de l'adversaire, et que les plus petits cependant peuvent ajuster à leur taille.

Même les plus aveugles perçoivent la lueur de l'éclair qui jaillit, déchirant l'ombre intérieure ; même les plus simples, les plus ignorants, les pauvres en esprit, peuvent recevoir un rayon de la véridique et douce lumière, connaître quelque chose de la bonne loi qui doit régner sur cette terre comme elle règne aux profondeurs universelles : et tous peuvent donc reconnaître à ceci les dieux hostiles, les fils, les serviteurs, les représentants du grand adversaire, qu'ils réclament de l'homme l'adoration, qu'ils exigent son obéissance, son abdication, son agenouillement dans la poussière. Car seuls les êtres de l'arbitraire peuvent ainsi abuser de sa faiblesse et de leur puissance, de sa misère et de ses espoirs, de son ignorance, pour établir sur lui leur règne sans pitié.

Partout donc où il est enseigné, prescrit que l'homme doit courber le front, s'humilier sous l'anathème, meurtrir sa chair et son esprit, enchaîner sa raison, emprisonner, rendre captive la reine de sa vie, l'intelligence, abaisser, en un mot, le Dieu du dedans devant son vainqueur le Dieu du dehors, livrer à celui-ci la clef du sanctuaire intime ; partout où s'institue et s'installe la merci divine, là n'est point l'esprit du divin véritable, l'âme profonde et vivante de l'univers.

Car cette âme ne s'impose point, ne réclame point, ne menace point : elle s'offre, elle se donne, elle se cache, elle s'oublie au sein des êtres et des choses ; elle ne blâme point, elle ne juge ni ne maudit ni ne condamne, mais elle est à l'œuvre sans cesse pour perfectionner sans contrainte, réparer sans reproches, encourager sans impatience, pour enrichir chacun de tous les trésors qu'il peut recevoir ; elle est la mère dont l'amour enfante et nourrit, garde et protège, conseille et console ; elle comprend tout, c'est pourquoi elle supporte tout, elle excuse et pardonne tout, elle espère et prépare tout ; portant tout en elle, elle n'a rien qui ne soit à tous, et parce qu'elle règne sur tous, elle est la servante de tous. C'est pourquoi ceux qui, petits ou grands, dans les cieux comme sur la terre, veulent être rois avec elle et dieux en elle, se font, comme elle, non point despostes, mais serviteurs parmi leurs frères.

IX

Le pourquoi des Dieux

Le problème du mal. — Pourquoi le désordre. — Le désordre et l'évolution. — Les relativités. — Classification dans le temps. — Classification dans l'espace. — Chute et matière. — L'origine du désordre. — Conception réaliste de l'univers. — Les éternels complémentaires. — Leur union génératrice. — Désordre relatif et désordre positif. — L'accident cosmique. — L'inconditionné. — La manifestation progressive des désaccords originels. — La rédemption de la matière. — Le conflit de l'être et du devenir. — La fixité. — L'harmonisation progressive. — Les trois phases : Le chaos. — Le règne des Dieux. — La libre harmonie.

Nous sommes montés jusqu'au sommet de la pyramide des Dieux personnels : ce sommet c'est la personnification du désordre cosmique.

Mais ici la question se pose : d'où vient ce désordre ? Est-il, en lui-même, inhérent à l'essence même de l'univers ; ou bien n'existe-t-il que pour nous, illusoire concept de nos trop étroites intelligences. Son principe est-il éternel ; ou n'est-il, au contraire, qu'un accident réparable de la vie cosmique ?

Quelle est la nature et la source de ce que l'homme appelle le mal ?

C'est devant ce problème qu'échouent généralement les religions qui, sans pouvoir l'expliquer, affirment ce mal et les philosophies qui, sans pouvoir l'empêcher d'être, l'éludent.

Regardons-le :

Et tout d'abord pourquoi, dans l'universelle manifestation, le désordre ne serait-il pas représenté aussi bien que son contraire l'ordre ?

L'univers étant le lieu de tous les possibles, leur manifestation intégrale n'impliquait-elle pas celle des rapports de désordre comme celle des lois d'harmonie, et n'était-il point nécessaire que la possibilité du désordre, du conflit des forces, de l'excès de résistance ou d'activité fût manifestée ?

Les contraires sont indissolubles : ils s'affirment mutuellement, se servent de point d'appui réciproque, et si l'un d'eux triomphe un jour : la conscience, de l'inconscience, l'amour, de la passion, l'ordre, du désordre, c'est que l'activité de ces choses qui ne seront plus aura servi celle des choses qui doivent être et se sera épuisée, absorbée en elles.

Mais la manifestation de toutes était nécessaire pour qu'un jour elles puissent être toutes, ainsi, transfigurées les unes dans les autres et transformées en de suprêmes perfections.

La question qui se pose alors, le vrai problème en somme, concerne non point l'existence du désordre, mais bien le fait étonnant, merveilleux, de la prééminence de l'ordre, de la victoire progressive de l'harmonie.

Sur quoi donc, dans l'origine insondable,

se fonde ce droit du progrès, cette préférence du déterminisme ou cette détermination de la liberté en faveur de la perfection ?

Dans ce point de vue purement théorique et spéculatif, cette question resterait toujours sans réponse, obligeant à jamais l'esprit à s'incliner devant ce fait : quelque chose est, et ce qui est a pour essence et pour caractère l'effort, la tendance vers le mieux être, vers le progrès.

La loi de l'universelle manifestation se confond avec celle de croissance de l'être cosmique, allant sans cesse de perfection en perfection, à travers l'infini des réalisations, des harmonisations progressives.

*
* *

On pourrait dire aussi qu'il est dans l'essence même de la manifestation de placer d'abord en conflit, en antagonisme, en les éveillant à l'activité, les forces latentes et indiscernables dans leur unité d'origine, dans l'immuable identité de l'impensable.

Si contradictoires que puissent devenir, en effet, les actions et les réactions réciproques des primordiales virtualités, tant qu'un seul rapport d'existence abstraite les unit toutes, elles demeurent confondues dans cet inconcevable sommeil où dorment tous les éléments futurs du réel.

Mais dès qu'une manifestation réalisatrice fait apparaître, à la place de ce seul rapport, de multiples relativités, dès qu'à l'unité succède la croissante multiplicité, tout l'ordre universel qui s'instaure dépend désormais d'une perpétuelle classification et d'une synthétisation progressive.

Car les éléments du réel se différenciant de façon toujours plus complexe, doivent se sérier progressivement en de multiples catégories, dont celles de l'espace et du temps deviennent des symboles sensibles.

Certaines relations, plus ou moins exclusives les unes des autres, doivent être traduites par des rapports de position plus ou moins lointains dans l'espace, et d'autres impliquant une négation de coexistence, par des rapports de succession.

De là le mouvement, de là l'évolution.

Cette évolution a donc pour raison d'être l'établissement progressif d'un ordre par une harmonisation des rapports ; et ce que l'on appelle le mal consiste seulement dans une imperfection par trop grossière de ces rapports.

Il n'est point dans les forces, dans les principes, dans les éléments, dans les choses, mais seulement dans les rapports de ces choses. Et, dans un certain sens, il n'est qu'une apparence, une illusion qu'il faut effacer.

Les dieux hostiles, comme aussi tous les êtres dont les activités contribuent au désordre de la substance, sont ceux qui manifestent de façon déréglée, inopportune, inappropriée, des forces utiles. Car il n'est point

Le pourquoi des Dieux 169

dans tout le cosmos un seul vivant qui ne soit l'expression des plus pures, des plus légitimes, des plus divines activités.

C'est dans le désaccord de ces activités, dans leur désharmonie, dans leur confusion qu'est le mal.

Les puissances les plus funestes, les énergies les plus redoutables, les plus meurtrières, sont celles-là seules qui ne se trouvent point à leur place.

Mais le désordre n'est pas seulement dans les rapports reliant les êtres entre eux, il est aussi dans le détail intime des relativités organisant en eux tous les éléments qui les constituent.

Particulières ou universelles, ces relativités étant le fondement de la vie des êtres, le désordre est en eux une vivante réalité qu'ils ont pour mission de transformer sans cesse en se transformant, en se perfectionnant eux-mêmes.

Les inégalités de la transformation qui

s'accomplit, en eux, entre les groupes d'éléments qui les constituent, ainsi que l'inégalité de celles qui s'accomplissent, entre eux tous, dans leurs groupements sociaux, déterminent ce qu'ils appellent le mal moral, individuel, social ; et la somme des imperfections de rapports particuliers ou généraux dont ils sont conscients devient ce qu'ils appellent, dans leurs religions, le péché.

Ce qu'ils nomment la chute, à ce point de vue, n'est que le symbole des nécessités d'une expansion lointaine, dans l'espace et le temps, de tout ce qui ne pouvait demeurer proche et simultané, par rapport au centre et à l'origine.

Mais le domaine ainsi formé par cette lointaine expansion se trouve donc être à la fois celui de la réalité la plus extérieure, et aussi celui des rapports les plus différenciés et des éléments les plus riches, celui de la manifestation la plus intégrale dans la substantialité la plus complexe et partant la plus sujette au désordre, la plus difficile à harmoniser.

Plus précieuse est la matière, plus douloureuse y est la vie, avant de pouvoir y être plus glorieuse.

*
* *

Dans ce nouveau point de vue, une question se pose qui reste également sans réponse : pourquoi l'ordre des manifestations successives n'est-il point tel que la classification des réalités s'accomplisse au fur et à mesure qu'elles apparaissent, de façon à ce qu'aucun désordre n'intervienne jamais entre elles, à ce qu'aucun remaniement ne soit nécessaire pour transformer en harmonie leurs relativités chaotiques ? Autrement dit, pourquoi ne se trouveraient pas, dans les profondeurs de l'origine impensable, unis aux possibles de toutes les choses qui doivent être manifestées, les possibles des rapports d'ordre qui doivent exister entre toutes ces choses, et régler la façon dont elles doivent être manifestées ?

Cette question complète celle qui se posait à nous tout à l'heure. Et si l'on considère le fait du désordre du point de vue d'un pur absolu, unique et abstrait, il faut se demander pourquoi cet absolu n'est point celui de l'ordre, et pourquoi, cependant, cet ordre, qui n'est point la suprême loi, peut prévaloir et triompher de son contraire.

Ces deux questions peuvent se résoudre dans une conception plus réaliste de l'univers.

Si nous voulons, à la limite de l'Impensable dégager les premiers concepts, nous les découvrons dans le dualisme compréhensif des principes universels opposées et complémentaires.

Bien des noms différents servent à désigner ces suprêmes catégories; nous les avons nous-mêmes représentées comme les deux pôles de l'Impensable, l'éternel masculin et l'éternel féminin. Dans le langage physique ils peuvent être symbolisés comme activité et passivité pures, comme énergie et résistance, comme puissance et inertie, force et matière, dont l'union produit la forme. C'est de leur éternelle union que procède l'universalité des formes manifestées.

De là le symbole du « *Bereshit* » ou « commencement par le deux » ; de là aussi le symbole Pythagoricien d'où sont sortis toutes les spéculations trinitaires : de l'union des deux procède le trois, générateur de tous les nombres.

Or, si dans le principe même de cette union se trouve le pourquoi de l'ordre final, dans le processus de cette union se découvre aussi le comment du désordre momentané.

C'est de l'imperfection relative ou accidentelle de cette union que provient soit l'imperfection relative de l'ordre, soit le désordre accidentel.

Distinguons-les très nettement. On pourrait appeler désordre relatif celui qui justement résulte de la relativité des rapports d'union progressive des éternels complémentaires.

Ces relativités sont, en effet, le principe même des limitations constitutives des êtres individuels issus de l'impensable impersonnalité.

Mais si ce que l'on appelle désordre se réduisait à la limitation respective des éléments différenciés, leur imperfection individuelle se traduirait, après l'harmonisation collective, par une perfection plus grande du tout ; l'unité de la synthèse finale dépassant de beaucoup, dans sa riche complexité celle de l'origine elle-même.

Mais ce désordre relatif n'est pas le seul ; force nous est de constater qu'il en est un plus grave et plus douloureux, plus positif, plus contraire, dans son principe, aux lois essentielles de l'univers et de la vie : c'est ce désordre-là qu'on appelle le mal.

Le problème qu'il pose est la pierre d'achoppement des philosophies, car il est aussi difficile d'expliquer ce mal que de le guérir. Et si l'on veut lui conserver le caractère accidentel qu'il revêt en tous ses effets, en toutes ses manifestations de détail, comment comprendre, dans l'histoire de l'être, dans le développement du cosmos, ce grand accident ?

Il demeure incompréhensible pour toute pensée plaçant à l'origine des choses une volonté arbitraire, unique, absolue, créatrice, dont la sagesse ou la puissance parfaite doit être niée, si le moindre accident trouble l'ordre établi par elle. Et rien ne servirait, pour justifier cette sagesse ou cette puissance, comme l'ont tenté les diverses théodicées, d'expliquer cet accident par la liberté d'une créature, et par le hasard de son choix entre des déterminations contraires. Car cet acte de choix et de liberté ne peut s'exercer en dehors des possibles réalités issues de la volonté créatrice ; c'est en elle que directement ou indirectement se trouverait donc l'origine de ce que l'on nomme le mal. Et ceci reviendrait à l'affirmation qu'au commencement était le désordre ainsi que l'ordre, c'est-à-dire l'imperfection, la négation même du concept de la suprême sagesse, de la suprême puissance créatrices.

L'accident du désordre s'explique, au contraire, si l'on conçoit l'éternelle manifestation comme le résultat de la progressive union des principes essentiels et complémentaires d'un univers qui porte son origine en lui-même ; cette union n'étant régie par aucune règle extérieure et étrangère, par aucune volonté arbitraire, et n'ayant d'autre loi que celle des libres activités et des libres réceptivités. De leurs relativités respectives naît l'équilibre plus ou moins parfait des forces et des résistances, c'est-à-dire la possibilité du déséquilibre, fondement du désaccord, de la désharmonie, du désordre momentané, du mal accidentel sous toutes ses formes.

Ainsi, ce n'est pas parce que l'être a été créé libre qu'il a donné naissance au désordre, mais c'est parce que l'être universel, incréé, est libre, qu'en lui se trouve la raison d'une manifestation inégale, en ses éléments, avant de pouvoir être intégrale, imparfaite mais perfectible, progressive, c'est-à-dire tendant vers l'harmonie totale.

On comprend dès lors comment la plus minime imperfection, dans l'accord des complémentaires, le déséquilibre le plus partiel, à l'une quelconque des phases de l'éternelle manifestation, puisse devenir l'origine de la formation d'un monde dont le désordre s'accentuera progressivement, en chacun des états de sa croissante matérialité.

De là proviennent toutes les méprises des théologies qui regardent le mal comme inhérent à la matière et identifient ces deux termes, oubliant que cette matière, cet état de substantialité la plus grande, n'est que le moyen de manifestation la plus intégrale du principe même des choses, de l'essence des réalités.

Pour parler leur langage, la chute de l'esprit dans la matière n'est que le suprême moyen par lequel l'esprit se révèle à lui-même, acquiert la conscience et la possession de lui-même. Le désordre de cette matière n'est que l'objectivation symbolique de celui qu'il porte en lui-même. Sa souffrance naît de la conscience qu'il en reçoit.

Et de là naît aussi l'effort vers la transformation progressive, par laquelle peut s'accomplir, avec la rédemption de la matière, celle de l'esprit.

.⁎.

Enfin, à un dernier point de vue, qui résume synthétiquement, d'ailleurs, les précédents, on peut dire que, si positif soit-il, ce désordre pourtant n'est que relatif à l'ordre plus grand qui peut suivre.

C'est en se manifestant progressivement que tous les possibles cosmiques s'affirment les uns vis-à-vis des autres dans des rapports plus ou moins favorables, plus ou moins hostiles aux progrès de tous.

C'est par considération pour ce progrès même, en raison des facilités qu'ils assurent ou des difficultés qu'ils opposent à sa plus ou moins parfaite réalisation, en comparaison de l'ordre plus grand devenu possible, que ces rapports prennent un caractère de désordre plus ou moins complet.

Dans les êtres individuels, à chaque moment de l'évolution, à chaque instant de la manifestation progressive, l'obstacle au progrès constituant l'état de désordre, se réduit, en somme, à une simple disproportion entre le désir excessif de conservation, de permanence, de fixité et la nécessité de croissance, de transformation et partant d'accord avec tout l'ensemble des progressions universelles.

Et chaque élément, chaque mode d'activité

qui, dans l'être, oppose ainsi sa résistance au flux de la vie en marche, au courant des forces d'évolution, contribue à le mettre en état de révolte contre la loi d'incessant progrès, d'incessant effort vers la perfection, qui est la loi même de l'univers.

La manifestation progressive c'est la perpétuelle transfiguration; le désordre, le péché, pour dire le mot des églises, c'est l'arrêt, l'immobilité, la superstition, l'enchaînement à tout ce qui fut le passé, le refus du présent à se changer sans cesse en avenir, en renouveau.

Les dieux hostiles ce sont ceux qui, faute de se transformer tous les jours, devront s'anéantir ou bien se convertir un jour.

Et ceux, petits ou grands, qui servent l'ordre universel doivent, en attendant, ajouter à l'effort qu'exige leur propre transformation celui, seul douloureux, de la lutte contre les obstacles qu'accumulent autour d'eux les adversaires du progrès.

De là naît le conflit des êtres et des éléments ; le grand conflit entre les dieux et les héros, les hiérarchies de l'ordre et les hiérarchies du désordre.

Et tant que dure ce conflit, retardant la marche des êtres, tout ce qui ne peut suivre le courant éternel du fleuve de vie s'en va vers la destruction.

C'est pourquoi il est dit : le dernier ennemi vaincu sera la mort. Dans tout ordre de réalité devenu l'un des domaines de la vie, elle a été vaincue avec le dernier ennemi.

C'est vers cette victoire suprême en tous les états du réel que convergent tous les efforts de la vie.

Le désordre de la matière étant l'ultime effet de l'imperfection des accords primordiaux de forces cosmiques, au cours des genèses lointaines, c'est de proche en proche, par l'harmonisation progressive de chacun des états de substantielle et croissante manifestation, que peut se préparer et se réaliser l'ordre matériel.

Toute l'histoire du cosmos est celle des noces perpétuelles de l'essence et de la puissance impensables ; c'est par leur union de plus en plus intime, profonde, intégrale, par l'embrasement toujours plus total de leur amour fécond qui dépasse toute intelligence, que se forme et se perfectionne le fruit universel et le chef-d'œuvre de la vie.

Partout où s'opère leur pénétration réciproque, partout où s'éveille quelque réceptivité plus complète répondant à quelque activité mieux appropriée, partout où s'accomplit la sublime perméation, de nouvelles perfections apparaissent qui tendent à traduire jusque dans les états lointains de la matière, lieu de projection ultime et phénoménal des principes originels, toutes les transformations, toutes les manifestations du progrès.

La croissante harmonisation de tous les

états de substance précède et conditionne celle du domaine matériel ; et dans ce domaine chaque être qui porte en lui-même la conscience des profondeurs, qui est celle aussi des perfections progressives, ne fait qu'en affirmer la réalité en exprimant le vœu de son aspiration par ces mots : « Que ton règne vienne, que ta volonté soit faite sur la terre comme dans le ciel. »

Cette volonté loin d'être celle d'un Dieu arbitraire sera celle de tous, car elle est celle du Dieu qui est en tous.

Son règne loin de s'imposer aux êtres qui peuplent les mondes, s'accomplit en eux-mêmes et réalise de proche en proche dans la perfection croissante de l'amour, le vœu suprême de l'univers.

Ainsi trois phases successives résumeront toujours l'histoire de tous les cosmos : d'abord le chaos ; ensuite l'ordre despotique, le règne des volontés arbitraires, des Dieux ; enfin celui de la libre harmonie.

Et après cela... qui peut dire ?

La perfection n'est pas au commencement : il n'y a point de commencement.

Elle n'est point non plus à la fin : il n'y a pas de fin.

Elle est éternellement progressive.

DEUXIÈME PARTIE

> Je regardais en haut et je vis dans tous les espaces Cela qui est Un, en bas et dans toutes les écumes des vagues Cela qui est Un. Je regardais dans le cœur : c'était une mer, un espace de mondes rempli de milliers de rêves. Je vis dans tous les rêves Cela qui est Un.
>
> DJELLAL EDDIN RUMI.

> Dans l'homme est l'âme du tout, le sage silence, la beauté universelle... l'éternel Un.
>
> EMERSON.

I

L'essence divine

Les principes essentiels: amour, lumière et vie. — Leurs rapports entre eux. — Les profondeurs cosmiques. — Le devenir divin.

Contemplons maintenant l'autre versant des choses. Après avoir gravi les escarpements ténébreux, élevons-nous jusqu'à ces hauteurs d'où l'on voit s'étager la hiérarchie sans fin ni commencement, la pyramide sans sommet de l'être.

A la limite ultime de nos concepts, la première manifestation des principes intelligibles est celle qui fut formulée de tout temps par la triple définition : amour, lumière et vie. Car ces trois principes sont aussi inséparables qu'universels.

L'amour est l'âme de la lumière, c'est-à-dire de l'intelligence. Et l'intelligence c'est la lumière de l'amour. Car s'il n'est pas d'intelligence vraie sans amour, il n'est pas non plus d'amour vrai sans intelligence.

Et la vie n'est-ce point le chef-d'œuvre de l'amour et de la lumière, l'illumination progressive de la matière par la manifestation progressive de l'intelligence, par la révélation croissante de l'amour.

La lumière c'est l'intelligence que l'amour et la vie prennent l'un de l'autre, la claire conscience que chaque être prend de lui-même et de toute chose.

Dans la lumière de l'intelligence, la vie et l'amour communient ; ils se confondent.

Et quand l'intelligence se fait lumière, l'insatiable amour de la vie trouve sa pleine satisfaction dans la parfaite vie de l'amour.

L'amour d'abord. Car sans l'amour il

n'est point de lumière, il n'est point de vie.

Sans l'amour, entre les termes de l'absolu, entre leurs virtualités complémentaires, entre les deux pôles de l'éternel, aucun rapport n'eût été possible, aucune jonction, aucun embrasement, aucune lumière, aucune conscience de l'être, aucune intelligence des relations, aucun accroissement, aucune différenciation, aucune évolution de la vie, rien que l'inconnaissable, l'immuable inertie, l'inféconde et glaciale nuit du non être.

C'est pourquoi l'on peut dire : en l'éternel commencement était l'amour ; et dans l'amour, avec l'amour, étaient la lumière et la vie.

C'est ici le mystère de trois en un et de l'un en trois qu'à des points de vue différents tant de symboles interprètent.

Ces symboles, d'ailleurs, remplissent la nature entière ; partout la vie nous montre en tout commencement apparent l'éternel recommencement du mystère de son origine.

∴

En énonçant successivement les trois principes coéternels de l'universelle manifestation, l'amour d'abord, la lumière ensuite et la vie enfin, les plus profondes et les plus anciennes traditions initiatiques, celles dont peu d'esprits soulèvent les voiles, enseignaient symboliquement que dans l'ordre du temps comme aussi de l'espace, en remontant vers les infinies origines, au delà de toutes les substantialités décroissantes où la vie plus que la lumière est manifestée, au delà de tous les états transcendants où plus que l'amour règne la lumière, l'intelligence libre et maîtresse de toutes les formes, avant tout cela étaient les profondeurs suprêmes de l'amour.

Au delà, n'y a-t-il plus rien ? Au delà il y a tout encore, toute l'éternelle réalité ; mais il n'y a plus rien pour nous de discernable, plus rien que l'inconnu pour notre intelligence des choses, plus rien qui puisse entrer dans les formes sensibles et les catégories de notre entendement.

Si du centre insondable de l'être cosmique la pensée revient, à travers les sphères de la croissante réalisation, vers nos états matériels, si elle passe de ce domaine où tout est un, où chaque conscience individuelle se confond avec la conscience du tout, à ceux plus extérieurs, plus concrets où déjà s'affirme le principe d'individualisation progressive, elle peut percevoir ou plutôt concevoir que le pur rapport d'amour s'y transforme en des rapports nouveaux de connaissance, c'est-à-dire de différenciation définie, puis en des relativités de plus en plus complexes définissant les formes de plus en plus intégrales de la substance, les modes de plus en plus concrets de la vie.

Ce concept du monde embrassant les états successifs, les ordres de plus en plus extérieurs et matériels de l'universelle réalité, traduit et exprime, mieux que tout autre, cette essentielle profondeur des choses, ce triple principe de l'être qui est amour, lumière et vie.

Il permet de comprendre que c'est dans les substances les plus matérielles que doivent progressivement se manifester les énergies les plus centrales, les forces les plus divines, dont les sources sont au cœur même de l'univers, infinies comme son éternelle origine.

Ainsi chaque effort que fait le plus petit pour comprendre un peu mieux, pour savoir un peu plus, chaque sacrifice que fait le plus humble pour aimer davantage réalise plus complètement la pensée du monde.

Et tout est Dieu qui vit, qui pense et qui aime.

*
* *

Il suit de là, puisque tout est Dieu, que Dieu n'est pas hors de ce tout, et que s'il faut donner ce nom à quelque être, de préférence à tous les autres, il appartient de droit à celui qui, dans la forme de vie la plus intégrale, manifestera le plus de lumière, le plus d'amour.

Cette forme de vie la plus intégrale étant la vie terrestre puisqu'en elle se trouve le dernier mode de réalisation substantielle, le véritable Dieu ne peut se trouver hors de cette forme terrestre, hors de l'humanité physique. Mais il ne peut non plus se trouver en elle puisque les rudiments, si grossiers encore, de son ébauche trop imparfaite, demeurent impuissants à manifester, sans le dénaturer, l'amour, et sans l'obscurcir, la lumière.

Il n'est donc nulle part, ni dans le monde physique ni hors de lui, aucun être qui mérite le nom de Dieu. Il ne sera que quand la matière elle-même aura conquis sa perfection, quand dans la forme humaine transfigurée tout sera à la fois vie, lumière et amour.

Ainsi, cet être-là se forme d'âge en âge, il naît et renaît sans cesse, toujours plus divin, dans l'humanité.

Les plus parfaits des Dieux invisibles et les moins imparfaits des êtres terrestres ne peuvent être que les précurseurs de cet être.

Et si jamais il pouvait se manifester dans sa perfection, plus cette perfection serait grande plus aussi il repousserait, comme un non sens sinon comme un blasphème, le titre de Dieu, dont son intelligence comme son amour se refuseraient à admettre le sens ordinaire ; car, par l'intelligence le plus grand, puisqu'il comprend plus parfaitement les profondeurs de l'indicible, devient le plus humble ; et par l'amour il se veut aussi non pas maître suprême, mais suprême serviteur de tous.

II

Les aspects divins

La Cause des causes et l'Etre des êtres. — Le culte de l'origine : Le Père et la Mère. — Les ancêtres. — L'éternel présent. — L'origine en nous. — Le culte de l'infini. — Les cercles successifs. — Leur centre duel. — La Présence intérieure.

Analysons encore la notion de Dieu en donnant à ce nom son sens le plus ordinaire, qui fait de lui le titre honorifique par excellence.

L'espace et le temps étant les deux grandes catégories de l'esprit, cette notion s'oriente vers deux directions différentes auxquelles se rattachent tous les systèmes théologiques.

Dans le temps, Dieu c'est la Cause des Causes, l'origine première, l'unique d'où tous sont sortis, de là vient le monothéisme.

Dans l'espace, au contraire, Dieu c'est le plus grand que tout, embrassant en lui tous les êtres, le Grand Tout, et de là vient le panthéisme.

Dans l'un ou l'autre cas, si l'esprit ne s'arrête à aucune limite arbitraire et conçoit dans le temps comme dans l'espace l'accroissement sans fin des valeurs, ces deux notions de Dieu se fondent en une seule, celle de l'impensable cause ainsi que de l'impensable totalité.

Mais avant d'arriver à cette limite qui est celle des relativités de l'esprit, l'idée de l'absolu dans le temps ou l'espace peut donner lieu à des traductions et comme à des réductions symboliques.

Dans l'ordre du temps, l'origine, la cause se traduira par l'idée de Père.

En le père pour chaque individu se résume, en effet, toute la série des antécédents jusqu'à l'impensable ; c'est pourquoi les religions ont enseigné : « Honore ton père et ta mère. » Car l'idée seule de père ne suffit point si l'on veut traduire dans son réalisme intégral l'idée d'origine. Rien n'existe, en effet, sans l'union, aussi éternelle que progressive, de ces deux pôles de l'impensable, actif et passif, masculin et féminin, origine duelle de l'univers manifesté.

Et c'est par l'oubli de ceci que le monothéisme, dénaturé dans ses symboles et ses conceptions, s'est fait l'expression du déséquilibre cosmique, en opposant, au lieu de les unir, les deux termes complémentaires. C'est ainsi que certaines religions, méprisant l'un pour exalter l'autre, ont réduit l'éternel féminin au rôle obscur de matière inerte et grossière par opposition à l'esprit, et l'ont condamné comme le principe même du mal, sans s'apercevoir qu'en divorçant ainsi l'éternel masculin de son complément nécessaire, elles personnifiaient en lui justement tout le désordre universel.

Certaines religions, au contraire, plus proches de la vraie sagesse, n'ont point séparé, dans le symbolisme de leurs divinités mâles et femelles, les deux principes universels.

Leur seule erreur fut d'avoir confondu l'absolu lui-même avec ces personnalités divines qui ne devaient en être qu'un par symbole.

Il est un culte cependant qui a pu éviter cette confusion regrettable en personnifiant l'origine absolue dans cette longue série des ancêtres qui n'en sont que la concrète représentation.

Dans les anciennes traditions, cette série d'ancêtres était rattachée d'abord à la personne du plus ancien fondateur du peuple, de la race, Abraham en Chaldée, Rama dans l'Inde, Hermès en Égypte, Fohi en Chine, lesquels à leur tour se rattachaient par des filiations successives, hors des limites du monde actuel, au premier formateur des êtres terrestres, que d'anciennes initiations désignaient sous le nom d'Aba, c'est-à-dire Père.

Mais dans l'esprit de ces hautes philosophies, ce premier formateur d'un ordre de choses nouveau, ce père des divins ancêtres, n'était à son tour que le fils, le représentant d'origines plus transcendantes encore.

Mais c'est une illusion, une faiblesse de la pensée qui la détermine à chercher ainsi dans le passé sans fin l'origine éternelle, car étant éternelle elle n'a ni fin ni commencement, et c'est dans le présent qu'il faut la chercher, dans le présent dont elle est l'âme, le principe et l'essence même.

Si l'on parle de fin et de commencement, c'est à chaque instant que tout finit et que tout commence.

Mais en réalité rien ne commence qui n'ait existé depuis l'éternité sans fin, qui ne se renouvelle sans cesse dans la vie sans bornes.

Le temps c'est l'éternel présent de la vie, mais la vie c'est l'éternel progrès de l'être et c'est ce progrès qui nous donne nos illusions de fin et de commencement.

L'être éternel en nous développe sans fin la conscience de ce qu'il est : il se manifeste progressivement à lui-même. Ce qu'il était sans le savoir, lui apparaît ainsi qu'une chose nouvelle, une chose qui n'était point parce qu'il n'en avait point conscience.

Ainsi l'éternité se traduit pour lui par le temps dans la succession, la fuite des instants, des heures, des jours, des années, des siècles, des cycles.

Et c'est cela que symbolisent nos sensations, dans l'espace, sous la forme des mouvements, depuis les plus petits qui s'accomplissent autour de nous, qu'à chaque instant nous faisons nous-mêmes, jusqu'aux plus grands, ceux qui nous entraînent au cours des circonstances, des événements de l'histoire, bien qu'ils ne soient pourtant que de simples gestes de peuple, de race, d'humanité, bien petits encore à côté de ceux qui, dans l'immensité, emportent sans cesse comme en un vertigineux tourbillon, les planètes et les soleils, les familles d'astres, toutes les constellations étoilées, ces atomes du grand organisme stellaire.

Puisque tout ce qui est était de toute éternité, dans son essence et son principe, pourquoi distinguer entre l'être et son origine, entre nous-mêmes et ce que nous plaçons au commencement.

C'est avec raison que d'anciennes traditions disaient : « Nous et notre origine, nous et notre Dieu, sommes un. »

Et cette unité doit s'entendre non point comme un simple rapport d'union plus ou moins étroite et intime, mais comme une identité véritable.

Ainsi quand il essaye de remonter de proche en proche jusqu'à l'inaccessible, l'homme qui cherche le divin oublie que toute sa connaissance et toute son intuition ne sauraient lui faire faire un pas dans cet infini, et il ne sait pas que ce qu'il veut atteindre, que ce qu'il croit si loin de lui, est en lui. Comment pourrait-il savoir quelque chose de l'origine tant qu'il ne prend pas conscience de cette origine en lui-même ?

Le divin seul connaît le divin.

C'est en se comprenant lui-même, en apprenant à se connaître qu'il peut faire la découverte suprême, et, émerveillé, s'écrier comme le patriarche dont parle la Bible : « C'est ici la maison de Dieu et moi je ne le savais pas ! »

*
* *

Sous un autre aspect cette même révélation peut lui apparaître si, dans l'ordre de l'espace comme dans celui du temps, il sait retrouver le chemin du vrai sanctuaire, que des cercles de plus en plus concentriques déterminent et matérialisent pour lui.

L'univers qu'il connaît concrétise déjà tous les infinis qu'il ignore, et dans cet univers la terre qu'il habite, l'humanité dont il fait partie, doivent être l'objet de son culte, non point seulement en pensée, mais en actes d'utilité. Sa religion, ici, sera celle de la solidarité effective. En tout être qui vit, il saluera, il servira la vie divine de l'univers manifesté.

Puis ce sera sa race, son peuple, sa famille qui prendront à ses yeux la valeur souveraine d'un symbole de l'être total, d'une figuration réelle et parfaite de l'universalité de l'être.

Cela n'est point assez cependant : ce dernier cercle n'est que celui du parvis du temple ; il faut aller jusqu'à l'intimité suprême de l'autel, jusqu'à ce lieu très saint qu'habite le couple, représentant de l'universelle dualité.

Le divin, le Dieu véritable ce sera l'époux pour l'épouse, car il représentera devant elle le principe même de l'être, sans la vertu duquel elle ne saurait être. Et pour l'époux ce sera l'épouse, car en elle il reconnaîtra l'essence mystérieuse sans la fécondité de laquelle nul germe cosmique n'eût jamais été éveillé.

Aussi chacun reconnaîtra, retrouvera son Dieu dans l'autre, et l'origine, en eux, renouvellera son commencement éternel, toujours prête à accroître par la fécondité de leur union, le nombre des nombres.

Il est aussi un autre ordre plus transcendant, dans lequel le temps et l'espace se confondent en la Présence unique du Dieu intérieur, de celui qui n'est plus l'époux ni le père mais le moi lui-même dans sa croissance et sa manifestation progressives.

Le moi de chaque être et le Moi unique et universel ne sont qu'un.

Cet enseignement a été répété à travers les temps par tous les guides de l'humanité, par tous les maîtres de la pensée, par tous ceux, en somme, qui puisèrent directement aux sources profondes de la connaissance et qui purent entrer jusqu'au sanctuaire vivant, jusqu'au cœur de l'être, pour communier en eux-mêmes et en toutes choses avec la Divine Présence.

Mais pourquoi citerais-je Krishna, le Bouddha, Lao-Tse, Confucius, Zoroastre, Moïse, Pythagore, tous ceux que révèrent les hommes ? En quoi la majesté de leurs noms pourrait-elle ajouter à l'autorité de cette parole ? C'est à cause d'elle qu'ils devinrent grands. C'est elle qui les fit ce qu'ils furent. Sans elle ils n'auraient point été, tandis qu'elle était avant qu'ils ne fussent. Elle est éternellement, étant conforme à l'essence de l'Être éternel.

Aujourd'hui donc, comme en tous les temps, il faut annoncer aux hommes, à ceux qui font profession de n'aimer point Dieu : c'est parce que vous ne savez pas que vous l'êtes ; à ceux qui l'aiment : soyez-le.

III

Les noms divins

Le nom de Dieu. — Les noms anciens et leur symbolisme. — L'inexprimable. — Le signe divin.

Et voici, nous avons appelé les Dieux tous les despotes éphémères, tous les adversaires momentanés de l'ordre cosmique, et ce même nom nous l'avons ensuite employé pour désigner les aspects divers de l'éternel, de l'universel et de l'immanent.

Nos langues sont-elles donc si pauvres qu'un seul mot doive ainsi prendre tant de sens divers ou contraires, et quelle paresse est la nôtre, déguisée sous les apparences de la piété ou du respect conventionnel, pour que nous y tenions à ce point.

Il est temps de briser les chaînes de la suggestion séculaire.

Puisque les puissances de l'arbitraire, les tyrans invisibles, les dominateurs de la terre, ont voulu être reconnus, adorés, servis sous le nom de Dieu, puisqu'ils en ont fait le nom de guerre de leurs ambitions effrénées, de leurs convoitises insatiables, le symbole de leur orgueil, et puisqu'ils l'ont, en somme, déshonoré, sali, traîné à travers tant de sang, tant de larmes et tant de crimes, laissons-le-leur.

Quand les sages, dans le passé, voulaient exprimer le divin, ils appropriaient avec soin à chacun de ses multiples aspects les mots et les symboles dont ils se servaient.

Dans l'écriture carrée de l'ancienne Chaldée, par exemple, le nom sacré formé de quatre signes symboliques, représentait, pour ceux qui comprenaient leur profonde idéographie, la formule même de l'action des forces suprêmes dans les passivités substantielles.

Plusieurs noms, d'ailleurs, que nous traduisons par un seul vocable vide de sens, étaient employés pour signifier le divin dans ses diverses manifestations.

Ce n'est que par une sorte de fraude que l'on a pu attribuer à un Dieu unique le nom d'Elohim, par exemple, ce pluriel étant destiné dans la tradition hébraïque à désigner la pluralité des grands Formateurs, issus d'une même origine, unis par une communauté d'œuvre et de pensée.

Ainsi, le plus souvent, se perdit à travers les temps, le sens plein de sagesse des symboles intellectuels en usage dans le passé. Les uns après les autres, tous les noms donnés au divin devinrent pour la foule les surnoms divers de la vaine idole qu'elle se construit.

S'il faut donc renouveler ces symboles et si les hommes d'aujourd'hui veulent, à leur tour, exprimer par des noms l'essence éternelle des choses, qu'ils acquièrent du moins la claire intelligence de ce que ces noms doivent définir.

Que les croyants dont l'aspiration s'élève vers les hauteurs saintes, que les penseurs dont l'intelligence sait prendre contact avec de sublimes réalités, purifient en eux le miroir capable de refléter sans la déformer l'image des choses qu'ils exprimeront. Et qu'ils choisissent alors, pour les exprimer, les termes les plus sincères du langage le plus précis.

Qu'ils disent de ce qui fut avant : les pères, les formateurs, les origines ; qu'ils nomment : les frères, ce qui est partout, êtres connus comme aussi inconnus, infiniment grands ou infiniment petits de la vie ; qu'ils appellent, s'ils le veulent, âme de leur âme ce qui est, en eux, l'étincelle, le rayon, le reflet de la lumière universelle, de l'intelligence infinie, le souffle, la parole, le vœu de l'essence impensable, la présence de l'éternel.

Appelons tout cela le « Moi » de la vie, le

grand Soi de l'être. Ne parlons plus de Dieu que pour désigner ceux ou celui qui ne doit plus être, n'étant qu'un accident de la croissance indéfinie, un trouble passager de l'essentielle harmonie, l'erreur momentanée de l'Impersonnel.

Et s'il faut un seul nom pour exprimer l'inexprimable, eh bien, qu'on l'appelle l'inexprimable.

Ce mot, dit-on, fait frissonner l'esprit. Mais pourquoi l'esprit ne frissonnerait-il pas lorsqu'il tente de regarder hors de ses limites ?

Pourtant, ce frisson qui redresse les grandes âmes, risque de faire fléchir, vaciller les autres, les plus nombreuses, celles qui tremblent de se sentir seules en présence du grand inconnu et dont la faiblesse sentimentale cherche un appui surnaturel.

Mais cet appui surnaturel se trouve ailleurs que dans l'invisible, dans le mystère de l'au-delà, et dans le redoutable commerce des

Dieux. Il est dans la communion des vivantes bonnes volontés.

Et s'il faut, pour préciser cette communion, une parole, un signe qui puissent être compris de tous, cherchons ce signe et cette parole, par-dessus tous les langages de division, dans celui que partout parle l'esprit humain.

Ses précises représentations, rebelles à la déformation subie par les autres, peuvent constituer les symboles durables de toute la complexe et profonde réalité.

Ce langage est celui des figures géométriques. Certains initiateurs du passé y ajoutaient celui des nombres, c'est-à-dire des symboles mathématiques.

Si donc il faut à certains esprits un parlant emblème des suprêmes réalités, donnons ici l'exemple de l'un de ceux qu'on pourrait construire et qui le fut jadis effectivement.

Autour d'un point central, signifiant l'impensable des origines, tracez un triangle dont les trois sommets représenteront l'essentielle manifestation d'amour, de lumière et de vie.

Autour de ce triangle décrivez un cercle symbolisant l'univers, l'infini et l'éternité.

Que ce cercle lui-même s'inscrive dans un carré qui signifiera l'intégralité quaternaire des modes de l'être en tous les états du réel.

Que ce carré s'inscrive entre les bases de deux triangles interférés de façon à former une étoile à six pointes. Leurs sommets opposés représenteront les deux pôles complémentaires dont l'union donne naissance à toutes les formes substantielles.

En cet hexagramme, fait des deux triangles symbolisant les deux ordres, involutif et évolutif, de la vie, pourra se lire l'emblème du progrès cosmique par la croissante pénétration des énergies les plus transcendantes dans les plus concrètes matérialités.

Méditez sur ce signe formé des figures élémentaires et vous trouverez successivement les sens des symboles de plus en plus profonds qu'il renferme. L'interprétation que nous en donnons ne soulève que le premier des voiles, la première des apparences dont la réalité se revêt pour entrer dans les formes intelligibles de notre sensibilité consciente et de son langage.

Ce signe qui s'applique au grand univers, s'applique aussi au plus petit, à celui que vous portez en vous-mêmes.

Méditez-le comme un symbole de votre être individuel, de son progrès qui est sa raison d'être, et dites, en l'interprétant pour vous-mêmes :

« Que le mortel en moi s'unisse à l'immortel, âme de mon âme, ce qui vient d'en haut à ce qui est en bas, afin que dans les quatre modes de mon activité consciente, sur la terre comme en tous les domaines de l'universelle réalité, par un accroissement d'amour, de lumière et de vie, soit manifesté l'Indicible. »

IV

Les hiérarchies de l'être

Êtres et mondes. — Individualisation de l'impersonnel. — Évolution et création. — La formation. — Les Formateurs. — Le Verbe. — Aperçus cosmogoniques. — La genèse des mondes. — L'œuvre des hiérarchies. — Le désordre des sphères. — L'harmonie ancienne. — Sa restauration.

Hors de l'Impensable tout est substantiel et partout où est la substance est aussi la forme, la limitation individuelle.

C'est donc en des hiérarchies d'êtres individuels que prennent forme substantielle, dans la série des ordres de réalités, les grands principes régulateurs, les grandes forces organisatrices, toutes les puissances cosmiques par qui se manifeste l'Impensable Divinité.

Et par êtres nous entendons aussi bien les mondes que les individus.

Car un être est en lui-même une multitude, un monde d'individualités plus élémentaires, et chaque grande collectivité peuplant l'un des domaines de la vie n'est que l'ensemble et le total des éléments constitutifs d'un vaste organisme vivant.

Partout l'individuel et le collectif se confondent.

La pierre d'achoppement des philosophies, l'éternelle dispute entre réalistes et nominalistes, sectateurs de la chose ou de l'être, de la matière ou de l'esprit, provient tout entière d'une conception trop simpliste, trop étriquée de ce que l'on nomme l'individuel.

La hiérarchie de l'être s'étend, en effet, bien au delà de ce qui est pour nous discernable, bien au delà des ordres de grandeur que nos propres individualités représentent et auxquels elles appartiennent.

La hiérarchie des êtres individuels s'étend

depuis les suprêmes principes, depuis les souveraines pensées directrices et régulatrices de l'univers qui en forment les inaccessibles sommets, jusqu'aux plus humbles, aux plus infimes, aux plus élémentaires monades, dont la multitude innombrable nous apparaît seulement comme un ensemble infinitésimal de choses, et comme un tout privé de vie, que nous appelons la matière.

Et c'est entre ces deux extrêmes, entre ces deux infinis de l'être, c'est-à-dire en ce point relatif où nous sommes nous-mêmes, que nous situons, en le limitant à notre mesure, le champ de la vie individuelle.

De là viennent nos contradictions et nos ignorances.

Si nous voulons comprendre et savoir, il nous faut sortir hors de ces limites aveugles, hors de ces enfantines catégories.

Notre univers n'est que la représentation, l'expression de tout l'ensemble hiérarchisé des valeurs individuelles. Et parmi toutes ces valeurs nous ne reconnaissons comme personnes que celles qui ont quelque similitude avec nous.

Mais pourquoi attribuerions-nous ce nom à la collectivité qui nous forme, à la multitude réunie en nous et le refuserions-nous, au contraire, aux autres synthèses de forces sous quelque forme qu'elles apparaissent? Car en elles aussi s'individualise, se personnifie, en chaque ordre de réalité, en chaque monde substantiel, la pensée constructrice de l'univers ; et ce sont des individualités petites ou grandes, des hiérarchies d'êtres qui partout manifestent les principes de la vie cosmique et ses fécondes activités.

Pour comprendre, au surplus, la manifestation progressive de la vie une et universelle, il faut associer les êtres et les mondes dans l'œuvre de la formation, car ce sont à la fois les êtres qui forment les mondes et les mondes qui forment les êtres.

C'est pour n'avoir pas reconnu cela que le

spiritualisme et le matérialisme ont opposé contradictoirement leurs doctrines de création et d'évolution. Ce sont les premières surtout qu'enseignaient les traditions de l'antiquité, et les secondes qu'aujourd'hui s'efforcent de fonder nos sciences expérimentales.

Il est entre ces doctrines antagonistes une synthèse possible et féconde. Si nous savons comprendre assez profondément la réalité que traduisent leurs divers langages, nous reconnaîtrons qu'au lieu de se contredire, elles se complètent, chacune ayant en vue l'un des aspects du grand problème.

Elles doivent s'unir pour nous enseigner que si les êtres individuels n'ont d'autre berceau que celui que leur préparent les mondes, chacun de ces mondes, d'autre part, n'est que la substantielle manifestation de tout un ensemble de forces vivantes et conscientes, de tout une hiérarchie d'êtres. C'est par le processus de son évolution que chacun d'eux permet à ces forces de prendre forme individuelle ; et ce que l'on appelle la vie n'est que l'individualisation progressive de l'intelligence infusée en tous les éléments de la substance, de la force immanente qui les prépare, les classifie, les organise en synthèses appropriées, en organes capables de la manifester. C'est un peu de la substance du monde qui se différencie, se sépare, se meut, en ses profondeurs comme à sa surface, qui s'anime progressivement dans la longue série des formes, pour préparer, de cycle en cycle et de race en race, l'apparition des suprêmes représentants de la vie.

Une humanité, à ce point de vue, n'est que la manifestation partielle, déployée dans l'espace et le temps, dans l'un des champs de l'existence, de la vie de l'être cosmique. L'apparition de cette vie dans l'un des systèmes stellaires, sur la surface d'une sphère, d'une planète, n'est que la localisation éphémère de l'un des modes d'être du Grand Vivant universel.

Mais en tous les ordres de réalités, en tous les univers, en chaque famille de mondes et sur chaque terre, en chaque humanité, en chaque race même, à travers les temps, se construit sans cesse toute la hiérarchie progressive des valeurs individuelles, et, parmi la multitude des êtres, naissent et renaissent ceux qui toujours plus parfaitement représentent les pensées centrales, les intelligences et les volontés transcendantes à l'œuvre dans les champs infinis de la vie cosmique.

*
* *

Tout ce qu'enseignent, au sujet de la formation, les plus grandes traditions concordantes, transmises sous formes symboliques diverses ou par voie orale, et que confirment, d'ailleurs, les données de la connaissance directe, de l'expérience intuitive, chez ceux d'entre nous qui en possèdent et en développent en eux les moyens, c'est que, dans chaque état, la pensée centrale, l'individualisation principale des essences d'amour, de lumière et de vie, l'être représentant le mode approprié d'action des causes originelles devient l'agent prééminent de la formation, le grand Formateur présidant à l'œuvre des nouvelles et plus intégrales manifestations.

Mais autour de cet être d'autres individualités, d'autres êtres, résumant comme en une seule grande famille les puissances universelles hiérarchisées, participent aussi à l'accomplissement de l'œuvre suprême.

L'ancienne tradition chaldéenne dont l'équivalent se retrouve dans les philosophies initiatiques de tous les peuples et dont l'enseignement déformé se reconnaît encore dans les vulgarisations religieuses de l'occident, situait en chaque septénaire substantiel la cause cosmique originelle du septénaire suivant.

C'est ainsi que dans les profondeurs transcendantes des Éthérismes devait être localisée symboliquement la demeure de l' « Adonaï », ce représentant du « Sans Cause » pour les mondes matériels. Et cet « Adonaï », à son tour, était représenté aux sept époques de la formation par ses sept essentielles activités, chacune d'elles étant le « D B R », en grec le « Logos », le Verbe agissant par l'intermédiaire des grands formateurs et de leurs hiérarchies de libres intelligences.

C'est ce dernier grand Formateur de l'univers matériel que l'on désignait comme Abba, le père ; ce sont ces hiérarchies d'intelligences que l'on nommait les Élohims.

Et du Verbe lui-même il était dit qu'après avoir présidé à l'œuvre de la formation, il s'était anéanti dans un sacrifice suprême pour diffuser toutes ses forces dans la substance même de cet univers destiné à devenir progressivement, par sa croissante perfection, le dernier vêtement sans tache et sans couture de l'impensable Cause des causes.

De là proviennent toutes les gloses relatives au sacrifice du Grand Holocauste, du Logos immolé, du Christ universel que tous les Christs de l'humanité, oints pour l'œuvre du sacrifice parmi leurs frères, jusqu'à la fin des temps représenteront.

*
* *

Si profondes que soient les données des traditions les plus vénérables, le symbole de leur langage ne peut plus suffire aujourd'hui à nos esprits avides de précise et rationnelle objectivité.

Ne nous y trompons point cependant : très vaines sont toutes nos affirmations, si nous prenons pour la réalité elle-même les représentations même les plus complexes et les plus expérimentales que puisse s'en faire notre science.

L'image sensible n'est qu'un symbole comme l'idée pure : l'important est d'accorder entre eux ces symboles en les complétant l'un par l'autre au lieu de les opposer l'un à l'autre.

Il est une harmonie possible et nécessaire entre ce que conçoit notre esprit et ce que perçoivent nos sens.

Traduisons donc en notre langage sensible cette grande réalité de la manifestation progressive et de la formation substantielle de l'univers.

Que pouvons-nous savoir de ce Grand OEuvre si nous le regardons du point de vue de nos sciences positives, et comment, par exemple, pouvons-nous concevoir la formation de nos mondes matériels ?

De grands progrès ont été faits à cet égard par nos sciences d'observation. Nous croyons pouvoir assister à la genèse des mondes matériels, car c'est sous nos yeux que semblent se développer les phases diverses de leur formation.

On nous dit comment la poussière atomique, flottant dans les espaces sans bornes, s'agrège et se condense autour des centres que construit cette grande force d'attraction et d'affinité qui fait se chercher, s'étreindre et s'unir les éléments épars des mondes futurs.

Mais quelle est l'origine de cette affinité, de cet amour mystérieux qui les attire ainsi et les marie les uns aux autres ? D'où vient cette force plus grande que les forces de libération, d'affranchissement et de répulsion réciproque, qui jusque-là les dissociaient ? Et qui donc a vaincu dans le vide apparent cette puissance d'expansion propre, de dilatation cinétique constitutive de l'état gazeux ? Qui donc, alors que la matière semble tendre tout entière, à travers tous ses autres états vibratoires, vers la libération de l'état radiant, a pu, de cet état, la précipiter vers des formes toujours plus concrètes, en éveillant en elle ce désir et cette passion des rencontres et des fusions moléculaires ?

Qu'y a-t-il au centre même de la formation nébulaire et quelle est la plus grande puissance de volonté, la grande pensée, la grande âme, le grand amour qui se construit ainsi ce grand organisme stellaire?

Mais allons plus loin. Comment cette matière atomique, cette poussière d'où tous les corps tirent leur origine, s'est-elle formée?

Car nous savons que chaque atome n'est qu'une synthèse complexe de forces concrétisées, une condensation de l'éther, un tourbillon des éléments mystérieux de l'impondérable. Mais quelle est la genèse de ce tourbillon, l'origine de ce mouvement qui soustrait ainsi à la loi de l'impondérable toute cette part formidable des énergies libres pour les polariser autour des centres de condensation, et les soumettre aux lois de masse, de pesanteur, d'attraction moléculaire, de gravitation dans l'espace, aux lois d'évolution de l'état physique? Quelle est la puisance qui les retient dans cet état, dans cette forme nouvelle, dans ce cercle magique où sont emprisonnés, enchaînés jusqu'à l'inertie apparente, dans la limite infinitésimale de l'atome matériel, ces sommes incalculables de forces tendant sans cesse à se libérer en rompant leurs digues, et qui s'épanchent à travers les corps en effluves, en émanations, en radiations de tout ordre, en torrents dont la source enfermée au sein d'un imperceptible point mécanique, semble inépuisable, mesurant par là la puissance du charme qui les y retient.

Partout où se formèrent ainsi des mondes, partout où dans l'éther se concrétisa la matière, en tout centre de condensation de l'immense univers stellaire, ce fut ce charme et cette puissance qui s'affirmèrent. Et comme tout n'est que la manifestation éternelle de ce qui est, les formes ne faisant que révéler les forces, l'apparition au cours de cette évolution matérielle, dans la forme humaine, de ce que nous nommons intelligence et volonté, vie supérieure, ne peut être que la manifestation, et combien imparfaite encore, de l'intelligence et de la volonté, de la vie qui forma ces mondes. Et non point seulement intelligence, volonté, vie universelles et impersonnelles, car rien alors n'expliquerait l'individualisation, la différenciation, la pluralité des corps stellaires, la diversité de leurs âges, de leurs formes et de leurs grandeurs respectives.

Le hasard apparent de ces différenciations d'origine, de ces décentralisations de forces et de mouvements qui les divisent et les subdivisent, qui les distribuent ou les hiérarchisent, n'est que le voile d'obscurité, de méconnaissance, étendu entre nous et les hiérarchies d'êtres dont la puissance de réalisation s'y enveloppa ; ils sont les corps construits par l'âme collective de ces hiérarchies. La puissance organisatrice des énergies de la matière, c'est le souffle, l'aspir de cette âme.

Au cœur de tout soleil c'est une pensée qui rayonne, au centre de toute sphère c'est un cœur qui bat.

Et tout être qui aime et qui pense, s'il prend conscience de l'origine qui vit en lui, s'il s'identifie aux centres successifs et hiérarchisés de la vie cosmique dont il est l'individuelle manifestation, peut dire, en regardant la terre qui le porte ainsi que le soleil qui l'éclaire, la famille des mondes dont il fait partie, l'univers qu'il voit, aussi loin que peuvent aller ses regards dans l'infini que nul ne sonde, il peut dire : « ceci est notre œuvre. »

Et s'il se tourne vers ce qui passe, vers l'éphémère et l'accidentel, il peut, fort de son droit d'éternité, répéter la parole ancienne : « Où étais-tu quand j'ai fondé les cieux et la terre ? »

Car, en vérité, nous et les grands Dieux formateurs sommes un.

***

Ainsi, dans chaque état substantiel, furent formés les mondes, ces grandes individualisations de la pensée universelle, matérialisant la puissance d'action des grandes hiérarchies formatrices.

Et ceux d'entre nous qui savent forcer l'obstacle interposé entre nos modes d'être et les domaines profonds de la vie, contemplent, à travers la poussière des mondes matériels, l'ordre véritable et insoupçonné des sphères parfaites.

Combien différent n'est-il pas de celui que nous essayons d'entrevoir et de découvrir, de supposer au moins, dans le conflit des forces régissant l'instable et mouvante complexité de l'univers visible à nos yeux.

De tous temps, le désir de trouver parfaite l'œuvre de son créateur et le besoin de croire en sa toute puissance a poussé les croyants à célébrer l'ordre et la majesté de cet univers. Et, sans doute, il est de la majesté même dans la violence, même dans le conflit des forces de la nature. Et nulle multiplicité de rapports ne peut être, sans qu'un certain ordre ne soit. Même le chaos est encore un ordre, par rapport à la confusion d'un chaos plus grand ; mais tout ordre n'est qu'un chaos par rapport à l'harmonie d'un ordre plus grand.

Or, comment comparer l'ordre relatif, instable, éphémère, l'ordre accidentel dans lequel nous sommes, qu'assure et que rompt sans cesse à la fois la constante poussée des forces à la recherche d'un nouvel et plus permanent équilibre ; comment comparer cet ordre des éléments dans le désordre de leur ensemble, ou bien cet ordre apparent de l'ensemble dans le désordre et le conflit des éléments, cet ordre qui, n'étant pas, voudrait être, et que l'on n'affirme que pour l'opposer au désordre plus grand dont souffre, comme d'un scandale et d'une torture, la raison, le cœur et la chair ; comment comparer cet ordre terrible qui semble n'avoir favorisé toute vie que pour la mener vers la mort, ne connaître d'autre lumière que celle des incendies embrasant les mondes pour les rejeter ensuite inertes dans l'obscurité ; comment le comparer avec l'ordre, plein de repos, d'harmonie et de certitude, des sphères inscrivant dans l'espace pacifié leurs nombres parfaits, et chantant, au rythme éternel de leurs mouvements conjugués, l'hymne d'universelle allégresse.

Cet ordre qui n'est point, et dont nos pensées même ont peine à supposer qu'il puisse être, mais qui certes peut être puisque nous pouvons le penser, cet ordre qui sera, fut-il déjà, fut-il jamais ?...

D'anciennes traditions nous enseignent que notre univers matériel, à son origine, formait l'une des quatre grandes sphères de manifestation de l'ordre physique.

Et il est fort intéressant de remarquer à ce sujet que l'œuvre d'un de nos philosophes les plus modernes, M. Renouvier, aboutit, par voie de déductions rationnelles, à cette hypothèse d'une sphère primordiale dont l'unité fut un jour rompue par l'effet du désordre, de l'antagonisme des êtres et du conflit consécutif des éléments.

Cette sphère fut donc accidentellement divisée et subdivisée et sa substance, par voie de fragmentations successives, réduite et dispersée en poussière cosmique.

Ce fut l'époque du grand conflit, du drame initial de l'évolution actuelle.

Ainsi s'expliquerait, à ce nouveau point de vue encore, ce que les religions nommèrent la chute. Ce qu'elles appellent la rédemption signifierait alors l'œuvre du Grand Holocauste se sacrifiant pour la restauration future de cet univers morcelé, et répandant ses forces vivantes en chaque élément, en chaque atome de la matière.

Libre est l'esprit d'entendre selon sa préférence propre l'action puissante et mystérieuse, l'attraction d'amour qui relie les mondes, rassemble leur poussière et préside à leurs renaissances jusqu'au grand jour de l'équilibre et du repos.

V

Les Grands Serviteurs

Les fils de l'ordre et leurs victoires. — Le royaume des dieux arbitraires : Ses avenues intérieures. — Le champ des passions. — Le lieu du conflit. — La Terre. — Les conquêtes de l'Invisible.

Toutes les Bibles de l'humanité, toutes les légendes des peuples sont remplies des récits plus ou moins imagés des guerres sublimes et des titanesques combats que livrèrent à ceux que nous avons appelés les Dieux, les grands êtres qu'il faut nommer les suprêmes Serviteurs de l'ordre cosmique. Car le conflit est permanent, inévitable, entre ceux qui étant formés par le désordre, y demeurent volontairement, l'utilisant à leur profit, et ceux qui veulent, par tous leurs efforts convergents, instaurer en eux-mêmes et en toute chose l'ordre et l'harmonie véritables.

Partout ou règnent les forces et les pensées de désordre, règnent la violence et la confusion, le conflit. Et ce n'est que par une lutte de tous les instants, par un effort ininterrompu que les volontés d'harmonie triomphèrent toujours des grands adversaires.

Si toute l'histoire de l'humanité fut l'histoire des guerres que se firent les dieux, toute celle du cosmos se résume dans le grand conflit qui se poursuivit d'âge en âge et de sphère en sphère, entre les forces antagonistes et les armées de ceux qui les personnifient.

Mais comment employer nos termes barbares pour décrire une épopée grandiose où sans cesse fut opposée aux déchaînements formidables de la violence toute la magnanimité sublime de l'amour.

Car, tandis que les uns empruntaient leurs armes aux grands éléments en révolte, les autres avaient pour armure la clairvoyance des profondeurs, la patience sereine de l'éternité, ayant fait alliance avec les forces immuables, les lois souveraines de l'univers.

C'est ainsi que paisibles, victorieux, avec certitude et miséricorde, les fils de l'ordre chassèrent d'étape en étape, de lieu en lieu, de cercle en cercle, depuis les plus centrales, les plus lointaines sphères de lumière, jusqu'aux dernières extensions de la substance, jusqu'aux domaines de la vie les plus proches de ceux que nous habitons, les forces mauvaises, leurs hiérarchies, leurs armées et leurs chefs, Puissances, Trônes, Dominations.

Terrible et merveilleux par delà les frontières de notre monde matériel est l'actuel royaume des dieux arbitraires.

Merveilleux, car les puissances qui, chassées des hauts lieux de la vie cosmique, s'enveloppèrent dans cet état de la substance, les êtres qui y prirent forme l'illuminèrent de toutes les splendeurs de leur éternelle origine, mais terrible aussi, car avec eux s'y concentra, comme un précipité formidable, tout l'arbitraire universel.

Ainsi, ce domaine-éthéré devint à la fois le domaine par excellence de la lumière et de la violence; celui où la plupart des religions situèrent le ciel de leur divinité, la plupart des croyants le lieu de leurs extases ; car il en est peu, en effet, dont l'intelligence soit assez haute et l'aspiration assez pure pour atteindre plus haut, pour communier plus profondément.

Et tandis que la foi ne fait qu'en affirmer la réalité sans en préciser la nature, la science, au contraire, à force de scruter l'ordre matériel, finit, à travers lui, par pénétrer aussi le mystère de ce milieu. Là où l'expérience mystique demeure éblouie, l'expérimentation rationnelle accomplit sa découverte précise. En restituant à cet ordre de réalités son caractère concret, elle ruine ainsi les aveugles spéculations qui, sous des noms divers, exploitèrent trop longtemps l'ignorance humaine.

Mais si par la science nous connaissons ainsi, comme un postulat nécessaire sans lequel aucun phénomène matériel ne s'expliquerait, cet état transcendant et substantiel de l'éther, ce milieu subtil des énergies génératrices où tant de forces inconnues vibrent et palpitent, où réside le germe des causes, le secret des dynamismes féconds, c'est par un autre genre de discipline, par une méthode de connaissance plus parfaite encore que peut être exploré ce domaine de vie dont l'ordre physique est le tributaire.

C'est par l'éveil des organes intérieurs et des facultés intuitives, que s'acquiert le pouvoir de découverte et d'exploration de ces horizons à la fois lointains et si proches. En nous sont les portes qu'il faut ouvrir pour qu'ils se révèlent.

Ce moyen de connaissance par excellence est celui que formule la règle des sages : « connais-toi toi-même ». Car chacun des états internes de l'être possède ses rudiments de perception propre dont le développement lui permet d'entrer en rapport conscient avec le monde des phénomènes correspondants.

Et, d'autre part, en vertu même des rapports étroits qui relient, qui identifient l'individuel et le collectif, chaque domaine universel a sa représentation, sa correspondance, en nous-mêmes. Tout l'espace éthéré se reflète dans cette profondeur individuelle du subconscient qui est celle de l'éther vivant ; et les puissances mystérieuses, les forces inconnues qui s'y meuvent, se retrouvent en nous, dans le royaume des obscurs mobiles, des ressorts cachés, des principes mêmes de nos désirs, de nos tendances, de nos impulsions, ces maîtres terribles qui sont au Dieu intérieur ce que sont les dieux arbitraires à la Pensée suprême de l'univers.

Et c'est en pénétrant dans les profondeurs du dedans où vivent les tyrans de nos destinées, que nous pénétrons aussi dans la connaissance des profondeurs du dehors, qu'habitent ces tyrans du cosmos.

Plus sûrs que tout autre sont ces chemins, ces voies secrètes que l'on peut parcourir en soi, lorsqu'ils s'éclairent, lorsque l'illumination les rend praticables. Et peu nombreux sont ceux qui par des voies extérieures parviennent à forcer les portes des lieux interdits, à franchir librement les régions hostiles. Même, le plus souvent, les vaillants héros, les guerriers de l'ordre s'arrêtent sur leurs frontières, respectueux de la liberté des forces adverses, tenant pour seules dignes d'eux les victoires de leur patience et de leur bonté, pour seules certaines, celles que remporteront sur eux-mêmes les fils de la nuit.

Et déjà ils regardent en ces adversaires les frères prédestinés, les compagnons d'œuvre futurs.

Car les vrais rédempteurs sont ceux qui se rédemptent. Et parmi les saintes phalanges des grands serviteurs, les plus grands sont ceux qui, formés dans le désordre et la rébellion, se purifièrent, et de chefs qu'ils étaient par la volonté de domination, surent devenir rois par le sacrifice.

.˙.

Chaque état de substance étant le champ de manifestation de l'ordre de réalité précédent, l'état physique où nous nous mouvons n'est que le lieu de projection, de matérialisation permanente, des puissances emplissant l'éther.

Le désordre terrestre n'étant que l'ultime manifestation du désordre régnant dans les régions voisines, c'est parmi nous, par nous et en nous que les volontés adverses manifestent leurs violences contradictoires et despotiques ; car en ces petits mondes que sont nos individualités éphémères, dans cet univers réduit qui est en nous, point n'est difficile de reconnaître la place qu'occupe le domaine des impulsions déréglées, des passions insoumises et des égoïstes désirs, entre celui de la vie physique proprement dite, si patiente et si violentée, et celui des profondes et pures aspirations, celui de la raison, de la conscience, de la bonté, de l'idéal, dont les sollicitations les meilleures ont tant de peine à se faire entendre, les inspirations les plus bienfaisantes tant de peine à être obéies. C'est entre ce lieu saint du sanctuaire intime et les murailles extérieures de notre être matériel, dans les parvis intermédiaires du temple, que tout le jour hurle la foule avare, sordide et désordonnée de nos mauvais vouloirs et de nos volontés mauvaises.

Et c'est ainsi que se fait l'échange et que s'établit le rapport entre notre monde terrestre et celui des causes supra-sensibles.

Car vers le champ terrestre tendent sans cesse toutes les forces, tous les désirs insatisfaits de la vie plus intense, mais moins intégrale, de l'ordre voisin.

Vers nous sont attirées les énergies vivantes et les volontés instinctives cherchant une plus complète expression et profitant de toute occasion pour apaiser l'ardeur de leur convoitise matérielle.

Pour les êtres qui peuplent l'éther, comme pour les dieux qui y règnent, s'unir à l'homme et, par lui, aux possibilités plus grandes de l'ordre physique, fut toujours le désir suprême.

Et c'est pourquoi chaque porte ouverte par l'être terrestre par ses élans, sa foi, son extase, sa prière, son ignorance, ses passions, sur cet inconnu qu'il nomme le ciel, donne accès vers lui aux puissances intéressées qui le guettent.

A la volupté de ses sens qu'embrase le besoin de perpétuation de sa chair, se mêle toute la violence des éléments supra-sensibles, des spontanéités de l'ordre voisin, avides de naître à la vie physique.

La terreur de la mort, malgré toutes les

assurances contraires et toutes les affirmations trompeuses d'un spiritualisme qui s'est dévoyé, ne fait que traduire la répugnance irréductible de ces éléments à se laisser dépouiller de leur plénitude de vie consciente.

C'est pourquoi si la terre est le lieu de conflit de toutes les forces contradictoires, de toutes les énergies en désordre qui s'y manifestent, elle est aussi le lieu de rencontre, le suprême champ de bataille entre ces puissances et celles de l'amour et de l'harmonie, infusées, diffusées par un sacrifice divin en chaque atome de la matière pour en former l'essence féconde, l'âme incorruptible.

Tandis que se poursuit l'âpre lutte entre les volontés arbitraires et les destins antagonistes, par-dessus leur triste mêlée s'accomplit progressivement, sans bruit, sans hâte et sans défaillance, la paisible et silencieuse conquête des forces unificatrices.

Et, par un retour splendide des choses, en vertu des rapports d'échange et d'interdépendance substantiels reliant les deux domaines voisins, chaque progrès terrestre, chaque victoire de l'ordre sur le désordre, de la vie sur la mort, a sa répercussion dans la région terrible où règnent les hiérarchies despotiques.

Car si nos sens physiques n'ont aucun contact avec les formes qui peuplent l'éther, du moins nos pensées y circulent, y retrouvent leur milieu propre, y agissent ainsi que des gestes vivants. Nos volontés qui, dans l'ordre physique, ne sont que des énergies impalpables, des mobiles abstraits et subtils, deviennent, dans l'ordre voisin, des actes concrets générateurs de formes et de mouvements. Et chaque fois qu'une pensée pure, qu'un effort désintéressé, qu'un bon vouloir de progrès s'affirme chez le plus petit d'entre nous, c'est un germe de perfection nouveau qui s'éveille dans le milieu correspondant.

Ainsi, sur la terre, avec peine et douleur, se font les semailles dont la moisson mûrit dans les champs invisibles.

Rien ne se perd de ce que produisent les hommes ; les clairs sillons, les droits chemins que tracent leurs œuvres, préparent des routes sûres dans les lieux inhospitaliers. Les sanctuaires d'amour et de vérité qu'érige en eux la vie profonde sont autant de forteresses qu'ils se construisent parmi les régions hostiles. Tout ce qui s'éclaire et se purifie, se redresse et se discipline, s'harmonise en nous, toute portion de la substance désordonnée, toute somme des énergies en révolte qui se transforme sur la terre est une conquête de plus sur les éléments indomptés, une place forte nouvelle dans les hauts lieux, un champ d'abondance et de sûreté semblable aux oasis fertiles du désert, une île heureuse au sein des flots menaçants.

C'est pourquoi l'œuvre des grands serviteurs de l'ordre, pour pouvoir s'accomplir dans les régions soumises aux forces adverses, doit s'effectuer sur la terre, dans la substance même où s'exercent ces forces, où s'épuise leur violence désordonnée, où se prépare leur rédemption.

Et cela jusqu'au jour où, n'étant plus fermé à l'effusion des énergies pures et transcendantes, des sources éternelles de vie, de lumière et d'amour, leur royaume au lieu d'être un écran, un obstacle étranger entre les plus profondes régions de l'être et celle de la vie physique, de la matière douloureuse et déshéritée, deviendra le glorieux intermédiaire reliant les infinies origines aux ultimes manifestations.

Alors sera renouée la chaîne rompue de l'être cosmique, alors s'accompliront dans la joie ses fins éternelles.

VI

Les Dieux terrestres

Les vrais Dieux sont parmi les hommes. — Les hommes divins. — Leur nature. — Leurs œuvres cachées. — La tentation. — Le secret de la puissance. — Les rois d'unité. — Les rois de l'amour.

C'est toujours vers les cieux lointains que l'homme tourne ses yeux et son cœur lorsqu'il cherche un guide de sa destinée, un soutien providentiel de sa faiblesse et de son effort, un refuge dans ses douleurs. C'est vers l'invisible que va son espoir, sa prière, son adoration. Ce sont ceux qu'il ne connaît point qu'il appelle Maître, Seigneur et Père.

Il ne se doute point qu'il fait une injure suprême aux formateurs dont il implore le secours, en les cherchant ailleurs que là où lui-même souffre et travaille, car rien ne les justifierait s'ils ne partageaient ses misères et sa douleur. Il les confond ainsi avec les êtres sans miséricorde que son invocation ne saurait émouvoir et que, d'ailleurs, par un bienfait de son impuissance, il ne parvient pas même, le plus souvent, à évoquer.

Si les grands serviteurs de l'ordre, ainsi que les dieux étrangers, demeuraient lointains, qui donc pourrait les reconnaître, les distinguer de leurs adversaires ?

Car ce qui les distingue les uns des autres, ce ne sont point des apparences extérieures : ce qui permet de les reconnaître, ce n'est point leur stature, leur puissance, leur splendeur ou leur majesté. Toutes les forces de l'univers sont, pour l'homme, également majestueuses ; tous les êtres des transcendantales régions peuvent lui apparaître rayonnants de gloire.

Mais tandis que les uns, n'ayant que mépris pour la terre, bâtissent dans le ciel leurs trônes et habitent, indifférents, dans leurs demeures inaccessibles, les autres viennent des hauts lieux pour partager l'opprobre de leurs frères terrestres ; tandis que les uns s'élèvent par-dessus tout ce qui se meut, voulant dominer, régner, asservir, les autres descendent vers ce qui progresse et gémit afin de servir ; tandis que les uns réclament de l'homme l'adoration, exigeant qu'il leur fasse, en échange de leur pardon, le don de lui-même, les autres viennent non pour rétribuer mais pour réparer, non pour courber l'homme et l'humilier sous la malédiction du péché, mais pour le relever, le libérer et le guérir : ils ne condamnent ni ne pardonnent, ils se donnent.

L'amour sans mesure qui les fait toucher aux sommets suprêmes, les incline aussi vers la profondeur de l'abîme ; et comme ils communient avec l'âme même de l'univers, aucun état de l'être ne peut leur rester étranger.

Parce que la matière est impure et lourde, ils viennent s'en revêtir, afin de pouvoir infuser en elle les forces les plus divines, et y réveiller le germe endormi des plus fécondes possibilités.

C'est parce que la terre est encore un champ de conflit, de douleur, de travail, c'est-à-dire aussi de promesses, qu'ils viennent pour y combattre jusqu'à la victoire, y souffrir jusqu'à l'heure où toute larme sera tarie, y peiner jusqu'au jour des glorieuses transfigurations.

Après avoir harmonisé les états successifs de l'être, immortels ils viennent prendre un corps de chair, et goûter la mort afin de la vaincre.

Ayant réparé en eux-mêmes le désordre ancien, ils viennent jusque dans le champ des ultimes manifestations, en réparer les lointains effets, en effacer les dernières traces.

C'est pourquoi les plus petits, les plus humbles parmi les hommes, peuvent s'affranchir du tribut qu'orgueilleusement leur imposent ceux qui s'érigent en intermédiaires exclusifs et privilégiés entre la terre et son Rédempteur. Car les rédempteurs véritables sont sur la terre.

C'est dans ce sens que l'on peut dire : « Heureux les pauvres en esprit, le Royaume des Cieux est au milieu d'eux. »

Les vrais Dieux sont les Dieux visibles, ceux qui marchent parmi les hommes ; et c'est parmi ces petits qu'ils naissent, c'est parmi ces pauvres qu'ils vivent.

Les grands sont faits pour donner la main aux petits.

Si donc vous voulez connaître ces grands serviteurs, vous approcher d'eux, ne les cherchez pas parmi les maîtres et les dominateurs de la terre, parmi les royautés visibles, parmi les affamés de puissance et de richesses illusoires : Ils portent en eux-mêmes les biens véritables ; comment la convoitise de ces vains simulacres les séduirait-elle ?

Ne cherchez point non plus, dans leur apparence extérieure, rien qui les signale à la curiosité ou à l'admiration de la foule, qui les distingue intentionnellement des autres hommes.

Ils sont hommes et véritablement fils de l'homme; ils naissent comme tous leurs frères des mêmes éléments quaternaires de la substance, mais dans leur corps mortel c'est l'être immortel qui se manifeste, celui qui peut dire : « Je suis d'en haut. »

Et tandis que les hommes, conscients à peine de leur existence éphémère, extérieure, accidentelle, s'ignorent eux-mêmes, ne sachant pas ni ce qu'ils sont, ni parfois même ce qu'ils font, ni où il vont, ni d'où ils viennent, ils savent, eux, cela.

Alors que les hommes, ne connaissant que ce petit domaine d'ombre des phénomènes où ils se meuvent, demeurent étrangers aux vastes et profondes réalités, eux les scrutent, les yeux ouverts à toutes les clartés transcendantes.

Tandis que les hommes, craintifs, se refusent à regarder hors de leurs étroites frontières et que même les plus intrépides, lorsqu'ils hasardent quelqu'un de leurs pas vers les horizons inconnus, ne peuvent qu'éprouver le frisson du mystère et s'affoler au bord des abîmes, eux se meuvent en sécurité en tous les espaces et hors des espaces, dans la sérénité de la lumière, dans la pleine paix de l'esprit.

Ils se promènent dans les jardins de l'infini, ainsi qu'en de paisibles royaumes dont nul n'est souverain, mais où chacun règne selon la sagesse.

Ils habitent dans les palais splendides de l'univers ainsi qu'en des demeures paternelles. Ils sont les bien-aimés que servent toutes les puissances cosmiques, les enfants que la vie a bercés sur son sein depuis les origines, les premiers-nés de la pensée qui créa les sphères ; ils sont les fils de l'éternité.

Qui pourrait leur nuire et que pourrrait-on

leur ôter? D'âge en âge s'accroît la gloire de cet univers qui d'âge en âge grandit, fleurit, s'enrichit et se perfectionne pour eux.

Assemblez-vous, fils de la terre, afin d'anéantir ceux dont l'amour et la sagesse vous pèsent comme un fardeau, parce que vous ne les portez pas en vous-mêmes ; privez-les des biens qui font vos délices : vous n'aurez fait que les délivrer d'un lien qui peut-être les enchaînait ; arrachez-leur tout ce que vous connaissez de plus doux, de plus précieux, de plus nécessaire, tout cela qui vous rend heureux : vous les rendrez plus grands encore. Faites-les mourir, mais ils vivent : ils sont les maîtres de la vie ; retranchez-les d'un siècle, ils demeurent en tous les siècles : ils président aux œuvres du temps.

Mais pourquoi cela? Ils viennent à vous ainsi que des frères, ainsi que des serviteurs : pourquoi ne les laisseriez-vous pas accomplir cette œuvre, qui s'accomplira malgré tout puisqu'elle est l'œuvre même de la vie cosmique, réparant l'ancienne faute de tous et préparant les perfections futures de l'humanité.

Mais vous pouvez quelque chose de plus encore : vous pouvez être et devenir ce qu'ils sont, car il n'est pas d'homme, si obscur soit-il, qui soit exclu de la suprême vocation. Il est un droit supérieur au privilège de naissance, un droit d'aspiration, de nouvelle naissance, par lequel chacun peut éveiller quelque affinité plus profonde et entrer par elle en rapport avec l'une des grandes âmes qui veillent sur l'humanité. Le plus petit peut manifester le plus grand, s'il s'unit à lui par une intime consécration de son être.

C'est pourquoi l'être que certains adorent, qu'ils nomment leur Dieu, n'est parfois que cet hôte mystérieux qui se tient à la porte et qui frappe, désireux de s'unir à qui entend sa voix et le laisse habiter en lui.

N'est-ce point toujours dans les choses faibles, méprisées du monde, qu'il plaît aux suprêmes puissances de se révéler ?

Celui donc qui, prenant conscience en lui-même des origines éternelles, s'identifie à l'un de ces êtres formés pour l'accomplissement des œuvres universelles, devient ainsi membre à jamais d'une famille impérissable. Il sait qu'aucune chose, aucun événement, aucune puissance, aucun adversaire, aucun obstacle, aucun abîme, aucune durée ne le séparera de ceux qui sont siens; car si les liens, les amitiés, les unions terrestres se brisent, ceux qui furent un depuis l'origine, demeurent unis à travers les temps. La vie renoue sans cesse pour eux la chaîne d'amour qu'a rompue la mort.

Participant aux travaux sublimes que rien n'interrompt, ils sont de ceux qui peuvent dire à leurs frères terrestres : « Voici, je demeure avec vous jusqu'à la fin du monde. »

Il faudrait, pour pouvoir définir leur œuvre, refaire l'histoire du progrès terrestre, mais elle se résume en un mot : l'infusion des forces universelles, des énergies transcendantes dans la matière.

Participant dans tous les états de leur être aux profondeurs successives de la vie cosmique, ils mettent la terre en rapport avec les ordres de réalités de plus en plus lointains dont ils sont conscients eux-mêmes, et l'humanité avec les sources de plus en plus pures de la vie cosmique. Ils ouvrent l'un après l'autre les canaux divins, les fontaines scellées d'où jaillissent les flots éternels.

Ainsi, les œuvres qu'ils accomplissent peuvent être cachées aux regards des hommes ; car les plus fécondes ne sont pas les plus apparentes. Leurs actes et leurs paroles n'en sont, le plus souvent, qu'une manifestation affaiblie, limitée, voilée, dont le rayonnement peut ne pas dépasser les limites d'un cercle intime, dont les effets semblent se perdre dans le tumulte des événements et l'agitation des foules humaines.

Certes, s'ils le voulaient, ils pourraient briller, conquérir la gloire, devenir les maîtres de l'heure.

Ce qu'ils portent en eux est d'une si grande puissance que s'ils le mettaient au service d'un but personnel, ils attireraient autour d'eux, au lieu de les heurter sans cesse, toutes les volontés égoïstes et intéressées qui, se soumettant à leur irrésistible ascendant, seraient pour eux non plus un obstacle mais un piédestal.

Ils deviendraient alors ces hommes du destin au service de quelque ordre arbitraire et momentané. Les fondateurs d'empires ou de religions conquérantes furent cela le plus souvent.

C'est pourquoi les puissances de domination, qui sont sans cesse dans ce monde en quête d'instruments adaptés à leurs fins, convoitent ces prédestinés et cherchent à les détourner de leur route. Et dans les dialogues muets qui se tiennent au fond de leur conscience, les suggestions du tentateur se font entendre : « Si tu sers mon projet, je te donnerai l'empire du monde. »

Mais à cela répond une inspiration plus profonde : « Que peut être l'empire du monde pour celui qui, par la suprême domination de lui-même, participe à l'empire de l'univers ? »

L'empire du monde, qu'est-ce que cela ?...

Et ils restent pauvres et méconnus, victorieux de la tentation, maîtres d'eux-mêmes, des dieux et de tous les mondes.

Ils savent que les choses ne sont point ce qu'elles paraissent, et ce qu'ils font échappe aux mesures humaines ; car rien n'est trop petit ni trop grand pour eux.

Chaque occasion, chaque circonstance minime est un signe, un appel des lois éternelles, une voix qui leur fait entendre les mots d'ordre universels. Et, parfois, c'est par un seul geste, par un seul exemple, en un seul instant, qu'ils déposent dans le sein des choses, dans le sillon des destinées, le germe des transformations, des révolutions et des rénovations futures.

Parfois, c'est dans le silence et la solitude, quand ils ne parlent point, quand ils paraissent ne point agir, quand ils semblent dormir du sommeil des nuits, que leurs travaux géants s'accomplissent.

Car ceux qui veulent transformer un monde savent que le secret des destins de peuples et des mouvements de l'histoire, des courants d'opinion qui soulèvent les foules, et des inspirations animant l'âme des tribuns, le secret des paroles et des formules et des grands mots libérateurs, le secret même des idées maîtresses dont la force détruit ou construit, se trouve dans ces lieux profonds, dans cet inconnu des champs invisibles où se génèrent, avant qu'ils n'en soient conscients, les pensées des hommes. C'est là qu'ils agissent, c'est dans cette atmosphère mystérieuse où l'intelligence se meut, se baigne, se nourrit, respire, dans cet espace abstrait qu'elle peuple de ses formes vivantes, changeantes, aux aspects infinis, sans cesse renouvelés, c'est là qu'ils font jaillir les sources fécondatrices, les torrents de forces nouvelles, d'effluves et de clartés.

C'est là qu'ils livrent bataille contre les principes d'obscurcissement, de tyrannie, de mensonge et de division, contre tout ce qui menace et asservit l'homme.

C'est là qu'ils construisent les palais de science aux bases plus larges, au faîte plus haut. Et quand ils font ainsi, les hommes perçoivent des vérités nouvelles brillant comme des astres à leur firmament.

Parmi ces maîtres de la destinée qui sont des hommes, certains portent en eux l'un de ces immortels qui furent, au temps où la division n'avait point encore morcelé les domaines harmonieux de la vie, gouverneurs des sphères primordiales.

On peut les reconnaître à ceci qu'ils sont sur la terre, parmi les puissances de division, des reconstructeurs d'unité. Ils bâtissent la synthèse de la connaissance, transformant en harmonie les contradictions, réconciliant en un seul langage, en une seule même sagesse, les vieilles et les nouvelles sciences, assemblant en un seul faisceau tous les rayons épars de la lumière.

Ainsi malgré l'infirmité et l'humilité de leur chair, étant les serviteurs et les amis de tous, les unificateurs de la pensée humaine, ils sont encore Rois d'unité dans les royaumes de l'esprit.

Et tandis que ceux-ci accomplissent l'œuvre de l'intelligence, d'autres parachèvent celle de l'amour.

Communiant avec toutes les souffrances humaines, les connaissant toutes, les comprenant toutes, les appelant toutes, ils les purifient en eux-mêmes. Ils savent celles qui se cachent sous les apparentes frivolités, comme aussi sous les apparentes méchancetés ; et là où d'autres voient la faute, ils voient la douleur, ils voient la misère, ils prennent sur eux son fardeau, le fardeau que portent tout corps et toute âme, l'infini fardeau des deuils et des gémissements de la terre.

Et pour répondre à l'incessant soupir qui monte du cœur des hommes et du cœur des choses, ils ouvrent le leur, afin que l'Hôte intérieur qui l'habite, le Dieu qui est en tous puisse accomplir en tous son œuvre.

Et la source d'amour qui de ce cœur déborde, console, pardonne, guérit.

Ils sont de ceux qui peuvent dire en s'offrant à tous : « Prenez, mangez, ceci est ma chair ; buvez, ceci est mon sang que je donne. » Car en vérité ils sont sur la terre les représentants du Grand Holocauste qui répand ses forces et les distribue en tout ce qui vit.

Et quand ils paraissent ceux-là, les hommes sentent qu'au ciel de la vie un soleil s'éclaire dont la lumière et la chaleur vont faire, partout dans le monde, surgir des nuits et des hivers les renouveaux et les aurores.

D'autres enfin sont, parmi leurs frères, les bons bergers qui guident, assistent, protègent, distribuant tout autour d'eux les forces qu'émanent de plus grands qu'eux.

Qui pourrait dire les travaux multiples qu'ils accomplissent, les formes si nombreuses que revêtent leurs œuvres de serviteurs ? Ceux-là mêmes qu'ils aident les ignorent le plus souvent ; ils les appellent sans les connaître, les rencontrent sans le savoir, et reçoivent leurs bienfaits sans les avoir vus.

Qui pourrait donc énumérer, sans susciter l'incrédulité et même l'effroi des hommes, les choses qu'ils font, tant elles sont grandes parfois.

Mais rien est-il trop grand, trop merveilleux, trop impossible pour qui ne fait que remplir son rôle fidèlement et permettre ainsi à la vie d'accomplir librement, pleinement en lui et par lui son vœu tout puissant.

VII

La grande Histoire

Histoire et légende. — Les cycles. — Les retours et les renouveaux. — Instructeurs et constructeurs. — La paix et l'épée. — Histoire de la Vie. — Son but.

Combien souvent l'histoire se trompe lorsqu'elle attribue à quelqu'un de ceux dont elle glorifie les noms, dont elle conserve, mêlé à toutes ses légendes, le souvenir, tout le mérite des grandes œuvres qui s'accomplissent.

En mesurant l'étendue des transformations qui se sont produites, la durée des institutions qui se sont fondées, les apologètes n'ont point de peine à démontrer que les grandes œuvres attestent et proclament l'existence de grands ouvriers.

Seulement, ils ne savent pas que les plus grands, les plus authentiques ne sont pas toujours ceux que désigne la voix de la foule et que consacrent les traditions.

Le plus souvent ils passent sans laisser d'autre trace que celle des travaux dont les siècles futurs révéleront la fécondité. Quand ils ne sont plus, les hommes s'aperçoivent qu'ils ont été. Et la légende qui se forme alors, emprunte ses éléments aux sources les plus diverses. Les documents exacts et les traditions symboliques, les récits et les souvenirs relatifs à des temps et à des personnages distincts, s'y confondent autour d'un nom réel ou mythique auquel la renommée s'attacha.

Si l'on veut connaître le sens de l'histoire, il faut la regarder de plus haut que les auréoles placées sur le front de ses favoris.

Car souvent elle situe à ses sommets certains êtres, comme la montagne porte à son faîte certains pics ; mais ces pics ne sont en eux-mêmes que d'obscurs rochers semblables à tous les autres, fortuitement dressés plus haut. De la puissance qui les souleva dépend toute leur célébrité. Mais cette puissance n'est pas visible.

D'ailleurs, pour ceux qui regardent d'en bas, ce sont les sommets les plus proches qui paraissent aussi les plus élevés, car ils cachent à leur vue tous les autres. Il faut les perspectives lointaines pour apercevoir leur ensemble et comparer entre eux les massifs de la chaîne qui se profile à l'horizon...

D'où procèdent, au cours des siècles, les grands événements qui transforment l'humanité, les renouveaux et les renaissances, les grands réveils régénérateurs ; d'où naissent les empires, les religions plus grandes que les empires, les civilisations plus grandes que les religions ?

Ce sont les hommes et les circonstances qui font ces choses, mais c'est une élite qui mène les hommes et prépare les circonstances, et, dans cette élite, quelqu'un vient semer le germe fécond.

Il est des minutes mères des siècles. Il est des œuvres inconnues dont les grands événements de l'histoire ne sont que le déroulement dans le temps, et le déploiement dans l'espace.

La grandeur de ces œuvres se mesure à l'ampleur des périodes au cours desquelles se manifestent leurs effets, préparateurs de nouvelles œuvres.

Ceux qui savent jeter un regard d'ensemble sur les annales du passé perçoivent, sous le chaos apparent des choses, la loi des rythmes qui les régit. Ils suivent les vagues qui se succèdent sur l'océan des destinées.

Ils discernent alors des étapes périodiques, vraies marches de l'histoire, et des cycles marquant certains retours de causes et d'événements.

Cycles de cinq cents ans mesurant les grandes journées de peuples, que suivent et précèdent leurs crises de réveil, de fécondité, puis de décadence.

Cycles de deux mille ans, représentant les années spirituelles du monde.

Cycles de cinq mille ans, au cours desquels naissent et meurent les grandes civilisations.

Et chacun de ces cycles a pour origine une manifestation de forces régénératrices, une intervention des médiateurs venus pour renouveler l'alliance entre les suprêmes principes et les obscures possibilités. Et l'amplitude même du cycle de retour des suprêmes ouvriers terrestres indique leur rang hiérarchique, l'importance du rôle qu'ils ont à remplir.

Quand leurs pieds foulent de nouveau la terre, l'étoile lointaine qu'ils portent au front marque la hauteur qu'atteint leur stature par dessus les foules humaines.

*
* *

L'œuvre de ces élus ne peut se juger d'après ses formes extérieures, ni surtout d'après celles des institutions qui, plus tard, s'érigent sur son fondement.

Les cités, les empires, les religions, les civilisations qui surgissent quand ils sont passés, n'en sont que d'imparfaites et parfois grossières adaptations. Souvent l'eau pure qui vient du ciel change en boue le sol desséché, la terre stérile qu'elle féconde...

C'est dans ces formes contingentes que s'emprisonnent les forces vivantes dont ils furent les dispensateurs.

C'est à travers ces déformations, malgré leur obstacle, que se préparent les progrès futurs de l'humanité.

Et ce n'est pas l'un des moins lourds fardeaux ni l'un des moindres sacrifices imposés par avance aux purs initiateurs que celui de ces choses si étrangères à leur pensée qui se réclament de leur nom et de leur mémoire.

Heureux sont ceux qui demeurent assez

cachés, assez méconnus pour que la tradition faussée, l'histoire trop souvent sanglante, préfère à leur souvenir celui de quelque glorieux imposteur.

Quoi qu'il en soit, dure est leur tâche lorsque après les siècles écoulés ils reviennent sur cette terre, déjà tant de fois marquée de leurs douloureuses empreintes.

Dure est leur tâche de moissonneurs lorsque, parmi les ronces et les épines, ils doivent séparer le froment de la balle, recueillir le bon grain issu des semailles passées et labourer de nouveaux sillons en vue des semailles prochaines.

Dure est leur tâche de constructeurs quand, revenus parmi les hommes et se souvenant de l'œuvre qu'ils voulaient faire, ils aperçoivent celle que les puissances usurpatrices ont accomplie dans les civilisations corrompues, les cités mauvaises, les temples orgueilleux, tombeaux de religions dont jadis ils avaient peut-être béni les berceaux.

Mais ils savent que, sous ces choses, une puissance vit, que sut évoquer leur voix à travers les siècles, et qu'elle a grandi, et qu'elle attend l'appel de l'heure. Il suffira qu'elle s'éveille pour que tombe en poussière tout ce qui ne fut pas conforme à son principe même, à son vœu profond. Et sur les ruines d'un passé mort ils pourront reconstruire, alors, l'avenir meilleur. Et c'est pourquoi de nouveau ils parlent aux choses à travers les hommes, aux hommes à travers les choses.

Dure est leur tâche d'instructeurs lorsqu'ils retrouvent, après des générations écoulées, leurs enseignements de jadis dégradés sous l'amas des gloses ignorantes et des dogmes intéressés, dépouillés de leur sens profond et de leur saveur véridique.

Ils sont alors comme ce maître qui, ayant donné un livre à méditer à ses élèves, le retrouve un jour veilli, déchiré, usé, incapable de servir encore. Mais quand il veut leur en apporter un nouveau, expliquant le sens perdu de l'ancien, et rempli de leçons nouvelles, les élèves, tout fiers de leur enfantine science et attachés surtout à ce qu'ils comprennent le moins, se révoltent contre le maître et refusent de l'écouter.

Car c'est ainsi que font les croyants et les prêtres.

Ah ! si devant les pas des grands serviteurs de la terre, ne se dressait l'obstacle des superstitions, la barrière des choses qui ne veulent pas mourir pour renaître, l'hostilité de cet esprit têtu de conservation où s'embusque toujours le dessein tyrannique et l'effort perfide des ennemis de l'ordre et du progrès terrestres, ce serait dans la paix, dans l'entente et la joie communes que pourrait s'accomplir l'œuvre harmonieuse.

Car ces grands serviteurs voudraient être messagers de paix. Ils n'apportent l'épée que là où la puissance invincible de la parole et de la pensée se heurte au mauvais vouloir de la terre. Que peut y faire toute leur patience, toute leur bonté ? Cette puissance est le feu qui brûle s'il ne réchauffe et n'éclaire point, le vent qui abat l'obstacle et brise ce qui résiste, mais qui gonfle la voile ouverte.

Et partout où le dispensateur dirige son regard ou ses pas, avec lui passe en même temps la force maîtresse devant qui tressaille et sourit tout ce qui espère, devant qui tremble aussi tout ce qui ne veut pas être renouvelé, car elle est l'âme souveraine, le principe même des renouveaux.

Ainsi se succèdent à travers les cycles humains, inspirées, fécondées, renouvelées, rajeunies sans cesse par l'effort des guides de l'humanité, les formes progressives de la vie des races, des peuples, des individus. Et toutes ces formes tendent vers un même but, le but mystérieux, le but glorieux de la vie.

Ce but quel est-il ? Vers quoi d'insoupçonné, vers quelle réalisation d'avenir tend cette vie ? Que cherche-t-elle depuis ses origines obscures ?

Interrogeons son douloureux et inlassable effort au cours des âges.

Et tout d'abord, avant même qu'elle n'apparaisse visible, en formes appréciables, combien de combinaisons chimiques innombrables n'a-t-il pas fallu à travers le lent processus d'évolution de la matière, à travers les phases cosmiques nébulaires et planétaires, jusqu'à ce point qui marque pour nous sa première manifestation perceptible : la production d'une substance rétractile, la combinaison des éléments de l'albumine, la construction d'une cellule protoplasmique.

Ce point où la vie prit naissance marque sa première grande victoire.

Et depuis lors, calculons le nombre des sentiers perdus, aux bifurcations infinies, qu'a tracés son effort toujours persévérant, malgré les déceptions incessantes, à la recherche du seul chemin qui pouvait la mener plus loin, dans l'infini des possibilités de ses formes, sans autre guide que l'expérience de ses insuccès.

Regardons-la s'avancer, patiente, en toutes les directions successives et se répandre en des millions, en des milliards d'espèces différentes, à travers les eaux tout d'abord, puis sur la terre qui en émerge, et s'adapter en tâtonnant, sous tous les climats, malgré tous les bouleversements, tous les cataclysmes, à chaque condition nouvelle qui lui est offerte, accrochant son espoir même à ce qui semblait compromettre et contrarier le plus ses destins, cherchant en la perpétuelle variété de myriades d'êtres une issue vers les perfections pressenties.

Parmi les innombrables équations en lesquelles elle assemble les données complexes de ses activités organiques, de ses différenciations fonctionnelles, une seule résout le formidable problème qu'elle se pose.

Aucun de ses efforts, sans doute, n'est perdu et chaque forme qu'elle crée est une affirmation de plus de ce qui par elle veut naître, de ce qu'elle a mission de manifester.

Chaque espèce préparant les autres, les rendant possibles, est un monument de sa persévérance inlassable, un témoignage de son vœu profond ; en chacune c'est un peu plus de matière qui se transfigure annonçant les aubes futures de l'intelligence.

Ainsi, de la première monocellule, tous les règnes vivants sont nés, les uns stationnaires, immobilisés, qui seront les témoins muets, les contemplateurs de la grande épopée des êtres, les protecteurs et les nourriciers de leurs frères ; les autres en marche vers les horizons infinis.

C'est, à côté du règne végétal, tout le règne animal qui se développe, empire aux cent royaumes, aux mille provinces, peuple innombrable d'où surgissent des tribus d'êtres, genres, espèces, familles, aux formes indéfiniment variées, multipliées sans cesse, naissant et renaissant, remplissant la terre.

Ce sont les milliards de protozoaires, suivis d'autres milliards d'êtres rudimentaires, pullulant en les huit grandes classifications dans lesquelles notre zoologie distribue ses trente classes d'invertébrés. En chacune de leurs espèces, comme en autant de sentiers perdus, la vie cherche, essaye, tâtonne. Là encore, une seule des voies sans nombre qu'elle a suivies la conduit plus loin, jusqu'à la naissance du vertébré, en qui pourra se construire, de façon à la fois assez complexe et synthétique, ce réseau nerveux préparant une sensibilité plus parfaite, capable de manifester plus de cérébralité consciente, plus d'intelligence.

Mais le chemin qui la conduit là se perd de nouveau en d'inextricables lacets dont il lui faut encore explorer tout le labyrinthe.

Parmi les cinq classes principales donnant naissance à des milliers d'espèces nouvelles, à des milliards de groupes et de familles différentes, laquelle permettra d'atteindre le stade suivant de l'évolution?

Et quand il est atteint, quand les mammifères sont nés, c'est parmi l'innombrable multitude des êtres en qui déjà s'esquissent des formes annonciatrices que la vie reprend, recommence tout son travail de sélection.

Car c'est plus loin qu'elle veut aller.

Mais combien d'autres tentatives infructueuses à travers les siècles, ne lui faudra-t-il pas pour créer un jour le prototype de l'élu? Et de nouveau, quand il est formé, tout le problème se repose. Parmi les tribus de primates peuplant les forêts, que de chemins à suivre pour atteindre enfin la caverne de l'anthropoïde, celle de l'homme primitif.

C'est devant lui que s'ouvrira l'avenue royale vers les palais de l'intelligence. Mais combien de races et combien de générations parcourceront la terre sans la découvrir, combien de chemins perdus suivra la vie sur les pas de l'homme. Car, se croyant le chef-d'œuvre de l'univers, il ne sait pas qu'il a une nouvelle étape à franchir.

L'idée de l'homme eût-elle pu naître, avant qu'il ne fût, dans l'obscur cerveau du plus proche même de ses ancêtres? L'idée du surhomme, avant qu'il ne soit, peut-elle pénétrer dans le cerveau de l'homme?

Et cependant, en tout petit d'homme qui vient au monde, en toute intelligence qui croît, en tout effort des générations qui surgissent, en toute tentative du génie humain, la vie cherche la route qui, cette fois encore, la mènera plus loin.

Quinze cents millions d'hommes depuis peut-être quinze cents siècles errent sans trouver ce chemin.

Parmi la multitude de ceux où s'efforcent tous leurs progrès, dans ce domaine comme en tous les autres, un seul est bon : c'est le chemin des synthétiques perfections. Où le découvrir ?

Comment les hommes le trouveraient ils tant que leurs ambitions les plus hautes consistent à être les premiers sur l'un des innombrables autres sentiers, à dépasser ceux qui s'y hâtent, à prendre leur tête en gagnant à la course tous leurs rivaux, pour arriver avant eux au but, c'est-à-dire à l'arrêt forcé, à l'obstacle final, infranchissable, où se brisèrent l'un après l'autre tant de peuples, d'empires, de sociétés et de religions.

Et qui parmi les hommes ose s'aventurer ailleurs que sur ces chemins faciles et rebattus ? Qui donc, sachant qu'il en est un autre qui va plus loin, accepte de tout perdre pour pouvoir le trouver peut-être, de tout perdre en marchant tout seul, en pensant tout seul, toujours autre parmi les autres, n'étant même pas sûr d'atteindre ce qu'il cherche.

Celui là n'essayez pas de le reconnaître parmi ceux qui excellent et brillent, car ceux-là n'excellent et ne brillent qu'en étant tels, plus grandement, que leurs semblables.

Les pierres précieuses excellent et brillent aussi parmi toutes les autres pierres, mais la plus belle gemme est hors de la série des combinaisons chimiques d'où naît la vie.

De même, en gravissant la série des formes, le plus bel arbre de la forêt est hors des lignes d'évolution conduisant le processus biologique jusqu'à l'animal, jusqu'à l'homme.

Et de même, parmi les hommes, le plus admiré, le plus illustre, le plus artiste, le plus savant, le plus religieux, peut se trouver, lui aussi, fort loin de la voie qui va de l'homme vers le surhomme.

Chaque race, chaque civilisation, chaque société humaine, chaque religion, représente un essai nouveau de la vie, une tentative de plus, un effort faisant suite à la longue série de ceux qu'elle multiplia au cours des temps sans nombre.

Or, de même que parmi toutes les formes

animales il en fut une d'où l'homme devait sortir, de même aussi, parmi les espèces sociales et religieuses, doit en naître une d'où sortira un jour le surhomme. Mais chacune croit qu'elle représente la forme définitive et c'est pourquoi elle tend à se conserver avec la même fixité qui fut la loi de tant d'innombrables espèces.

C'est cette fixité qui les immobilise en les plaçant hors du courant des forces de progression. Alors, faute de trouver la voie, les êtres vivants, individuels ou collectifs, demeurent dans le grand creuset, formés et refondus sans cesse.

Ils sont assujettis au perpétuel recommencement qui, dans la nature, conduit du minéral jusqu'à l'être vivant et fait descendre ensuite l'être vivant jusqu'au minéral, à travers les lentes élaborations de la vie individuelle et les plus lentes élaborations encore de la vie des mondes.

Telle est la roue des renaissances, celles

des systèmes stellaires comme celles des atomes matériels, comme celle aussi des fragments vivants, des synthèses de forces individuelles. Tel est l'ordre mécanique et fatal l'ordre physique.

Mais il est un ordre divin pour tout homme qui, en lui-même, prend conscience du divin, l'éveille en lui, le manifeste.

Car ainsi il s'identifie, hors des modes éphémères de la vie des êtres, avec l'essence éternelle de l'Etre. Il s'identifie avec le permanent de la vie ; et c'est cela que cherche la vie en toutes ses successives ébauches, depuis sa première germination jusqu'à l'homme, jusqu'au Dieu qui naîtra de lui.

Dans la multitude des hommes elle cherche la possibilité du surhomme ; mais, en chacun d'eux, elle tend vers la réalisation du divin.

VIII

L'Attendu

L'attente du grand Inconnu. — Les signes de sa venue — Le Serviteur des serviteurs. — Les signes de sa personne. — Le discours du Pasteur des hommes.

Deux mille ans se sont écoulés et cinq mille aussi. . . . . , ...

. . . .

Quel plus profond soupir monta jamais de la terre ?

L'humanité entière appelle son libérateur. Tous les peuples sous des noms différents l'attendent. Les foules l'espèrent ; tout ce qui vit, qui pense et qui aime et qui souffre aspire vers lui.

Au sein des plus vieilles choses, croyances et institutions, une âme nouvelle s'éveille.

De toutes les racines obscures, dans tous les troncs qui semblaient morts, après le long hiver, une sève monte ; de tout ce qui tombait en pourriture un germe naît. Il semble que les tombeaux mêmes veuillent redevenir des berceaux.

Deux mille ans sont passés et cinq mille aussi.....

Et précédé de beaucoup d'autres, annoncé par des précurseurs, escorté des siens, Celui qui devait venir est venu.

De nouveau le grand Serviteur inconnu de l'ordre est parmi les hommes.

En vertu de quels liens d'amour, de quels rapports d'harmonie profonde l'œuvre du suprême service terrestre coïncida-t-elle toujours pour lui avec celle des suprêmes besoins terrestres ? Est-ce l'appel des hommes qui l'évoqua, ou bien sa pensée de retour qui suscita cet appel des hommes ?

Questions d'enfants, car, proche ou lointain, il est homme et il le demeure et, terrestre ou non, sa demeure se confond avec toutes celles qu'habite la pensée des hommes.

A quels signes donc connaît-on qu'il est sur la terre ?

Aucun signe ne peut éclairer ceux dont les yeux restent fermés. Mais pour ceux dont le regard est clarté, les ténèbres même deviennent un signe. Ne savent-ils pas que plus la nuit s'approfondit plus l'aube est proche.

Nous donnerons cependant à tous un moyen de discernement.

Quand tout s'émeut et chancelle, quand un frisson passe à travers les peuples, réveille ceux qui dormaient du sommeil des siècles et secoue les trônes, quand ce qui paraissait immuable vacille, quand les plus fières, les plus solides constructions tremblent sur leurs bases et menacent ruine parce que les fondements mêmes des choses sont déplacés, alors on peut reconnaître que quelqu'un est venu dont le pas surhumain ébranle la terre.

Le tumulte qui s'élève parmi les nations est un signe de sa venue.

Un autre signe, c'est le nombre croissant de ceux qui dans leur cœur savent qu'il est venu.

Combien n'en est-il pas aujourd'hui qui déjà l'annoncent, l'attendent, le cherchent. Et lui, dans son recueillement, entend chaque pas de ceux qui viennent vers lui.

Parmi eux, cependant, beaucoup viendront qui ne pourront le reconnaître, car se faisant de lui une image trompeuse, aveuglés par leurs préjugés, leurs traditions, leurs croyances particulières, ils passeront peut-être à côté de lui sans le voir. Ils entendront sa voix et ne sauront pas qui leur parle, parce qu'il leur parlera autrement qu'ils ne le pensaient, ne disant point les mots auxquels ils s'attendaient et prononçant parfois ceux qu'ils ne voudraient point. Et ils retourneront écouter les choses auxquelles leurs oreilles sont accoutumées.

Lui, ils l'auraient reconnu peut-être s'il était apparu entouré de tous ceux qui l'ont accompagné sur la terre.

Mais sur la terre tous ont été dispersés par les fatalités aveugles de la naissance servant, sans le savoir, la multiplicité des œuvres à accomplir. Chacun d'eux accomplit quelque part sa tâche. Beaucoup ne savent plus qu'ils ne sont point seuls.

Tous sont unis pourtant par les liens éternels, mystérieux, indissolubles d'une communion de tous les instants. Et par-dessus tous les obstacles terrestres qui les séparent, ils savent, en esprit, s'assembler de tous les lieux de ce monde et, malgré la diversité de leurs langues, converser ensemble et tenir conseil auprès du plus grand.

Sans doute un jour ils se rejoindront visiblement pour accomplir alors l'œuvre visible qui doit être faite en commun.

Mais, en attendant, il est seul peut-être, et qui sait quels remous de forces et de circonstances contraires éloignent de lui ceux qui tentent de l'approcher.

Alors, dans leur inclairvoyance, ils s'en vont vers d'autres plus entourés et dont la renommée les attire.

Car s'ils sont nombreux ceux qui de nos jours cherchent Celui qui devait venir, ils sont nombreux aussi ceux qui disent : « Je suis l'attendu. »

Pourtant la voix lointaine avait annoncé : « N'écoutez pas ceux qui diront : il est ici ou il est là. »

Et tandis que l'Elu recherche le silence et la solitude, préparant les choses que nul ne peut voir, ils cherchent, eux, la foule des nombreux disciples.

A ceci donc l'on peut reconnaître ceux qui ne sont point le vrai Maître, c'est qu'ils se déclarent, voulant être reconnus pour tels.

Lui sait que l'œuvre seule compte et que celui qui l'accomplit n'a pas besoin de la proclamer, et que souvent celui qui est le moins connu est le seul qui puisse la faire.

Car celui qui la fait a contre lui toutes les puissances hostiles aux hommes ainsi que tous les hommes qu'ont assujettis ces puissances, tous les dieux et tous leurs esclaves.

Ah! s'ils savaient, ceux qui veulent usurper son rôle, comme il le céderait volontiers à qui pourrait mieux le remplir!

S'ils savaient en quoi ce rôle consiste, en quels formidables combats, en quelle angoissante veillée dans la nuit pleine de mystère, d'abimes et de terreurs. Alors que même les plus grands ont tremblé parfois devant la vision de cette œuvre pour laquelle ils étaient choisis, comment tant d'autres que briserait le premier choc avec l'adversaire, osent-ils affronter la malédiction d'en haut et d'en bas.

Ignorants! Ils réclament le fardeau suprême du Serviteur des serviteurs, de celui dont il fut dit : « Il travaillera et souffrira beaucoup;

il doit passer le grand torrent dont les vagues entreront dans son âme. »

Si donc il ne faut pas le chercher parmi ceux qui pour accréditer leur mission s'affirment eux-mêmes en faisant appel à la foi des autres, et s'il ne se déclare pas, lui, comment le trouver, à quels signes le reconnaître ?

Seul le semblable connaît le semblable.

Et cependant voici des signes, mais à ceux-là seuls ils pourront servir qui sont préparés pour les recevoir.

De lui personne ne peut dire : il est l'un des nôtres. Car pour pouvoir se donner à tous il s'abstient d'appartenir à personne.

Il n'est point sur la terre un seul milieu, un seul groupement, un seul homme même, fût-il le plus méchant de tous, qu'il ne puisse aimer. Comment donc se rangerait-il parmi les uns contre les autres. Il les comprend tous. Il sait qu'il n'est point une chose humaine qui ne soit composée d'erreur et de pureté, pas d'opinion qui ne contienne sa part de lumière. Comment donc prendrait-il parti et se séparerait-il des uns plutôt que des autres. Il les unit tous. En lui il réconcilie tous les hommes, il harmonise toutes leurs pensées. Il devient le gage vivant de l'unité future de tous.

Ainsi donc ceux qui pensent qu'il viendra confirmer leurs opinions ou leurs croyances et combattre celles qui leur sont contraires, ne peuvent, en ayant de telles pensées, s'approcher de lui. Car jamais le Révélateur ne vient pour se mettre au service d'un culte, d'un parti, d'une religion. S'il traverse des temples c'est afin de montrer aux fidèles qui s'y attardent le chemin qui mène plus loin.

A ceci donc encore il faut le reconnaître : il ne répète point les choses qui furent dites, il ne prononce point les paroles anciennes, ou, s'il les prononce, elles prennent dans sa bouche un sens si nouveau que même ceux qui les révèrent refusent de les entendre.

Les outres trop vieilles se rompent si on met en elles du vin nouveau.

Sans doute en son enseignement se résument et se vivifient tous ceux de ses devanciers, mais il ne ressemble à aucun d'eux ; car l'esprit vivant réclame sans cesse des formes neuves et des organes renouvelés.

Il parle aux hommes de son temps dans le langage de son temps, car en lui ce qui est éternel trouve après les temps accomplis des moyens d'expression mieux appropriés que ceux de jadis, des possibilités de manifestation plus parfaites. Par sa bouche ce n'est point le passé qui parle mais c'est ce qui ne passe point adapté au moment présent.

Il semble qu'il instaure une pensée nouvelle et cependant c'est de toutes la plus ancienne qu'il restaure.

Ainsi il est en vérité le Révélateur, c'est-à-dire celui qui remplace le voile usé des réalités immuables. Ceux qui l'entendent disent : « Jamais homme ne parla comme cet homme. » Et justement à cause de cela beaucoup se détournent.

Si lui ou l'un des siens se trouvait dans ce pays où nous vivons, parmi ces milieux de conflit, de divorce de la pensée où sont aux prises croyants et athées, ceux qui nient l'âme et ceux qui l'affirment, ceux qui jurent par l'esprit ou par la matière, à quoi le reconnaîtrait-on ?

A ceci qu'il ne jugerait point entre eux, mais conduirait les uns et les autres le long de leur propre chemin jusqu'au point où tous pourraient se rejoindre.

A tous il dirait :

« Ne comprenez-vous pas qu'il n'est point un effort sincère qui ne serve au progrès commun.

« Pourquoi vous mépriser les uns les autres parce que vos œuvres sont dissemblables ?

« Alors que le moindre édifice exige tant d'arts différents, pensez-vous que le Palais de la Vérité puisse se construire sans que les matériaux les plus divers y soient rassemblés ? Ils ne seront plus disparates quand chacun aura pris sa place.

« Apportez vos contradictions ainsi que des richesses contribuant à l'harmonie de l'œuvre future.

« Enfants, qui ne comprenez pas que vous dites le plus souvent les mêmes choses en parlant vos langages si différents. Vous écoutez les mots et ces mots vous trompent. Mais si vous faisiez silence un instant, vous entendriez la voix de vos communes aspirations et vous sauriez alors que vos pensées sont sœurs.

« Vous qui vous réclamez sans cesse de l'esprit, ne jugez point mal ceux qui se penchent vers la matière. Car en elle, dans leur recherche de ses principes et de sa loi, ils s'approchent aussi de l'essence cachée qui s'exprime à travers les choses et se manifeste à travers les êtres et que, sans la connaître, vous nommez l'Esprit.

« L'expérimentation des phénomènes de la

nature, comme les expériences de la vie profonde, conduisent vers l'exploration du même mystère. Tous les savoirs sont nécessaires à la sagesse.

« Ce que l'on nomme science et foi sont les deux bords, parfois les deux ornières parallèles d'un chemin qui mène vers les hauteurs. Pour y bien marcher, c'est le milieu de ce chemin aux côtés glissants qu'il faut suivre.

« Rapprochez-vous donc pour unir vos pas, donnez-vous la main pour les affermir, associez vos efforts contraires et vos vertus qui se complètent.

« Vous qui dans la sincérité de vos cœurs avez sacrifié les satisfactions de la terre à vos croyances, à vos espoirs, à vos élans vers l'invisible, il vous manque une chose encore, c'est l'effort de l'esprit vers la connaissance, vers la science du réel ; et vous aussi qui avez fait à la sincérité de votre raison, à son besoin de certitude le sacrifice de votre foi d'enfant, de vos rêves, vous interdisant d'affirmer ce que vous ne pouviez démontrer, il vous manque encore une chose, c'est d'élargir les bornes de votre horizon et de découvrir en vous-mêmes, dans votre univers du dedans, des domaines de vie plus profonde.

« Mariez ces deux mondes dans lesquels vous vivez comme des étrangers les uns pour les autres. Alors votre être s'illuminera: toutes les émotions de l'âme étant au service de la pensée; toutes les facultés de l'intelligence répondant aux besoins du cœur.

« C'est ici la véritable science. Ce que vous appelez visible ou invisible s'y confond en une totale et sainte réalité.

« C'est avec toute la précision, toute la certitude de vos méthodes, avec toute la clairvoyance de votre raison que vous pénétrerez dans les champs du mystère, non point pour l'adorer mais pour l'éclairer.

« Car celui qui aime la vérité ne peut adorer le mystère.

« Et vous y entrerez non point courbés comme des esclaves sous le fouet d'un maître, mais debout ainsi que des hommes libres, maîtres de vous-mêmes et de toutes choses. Dans les palais et les temples de l'univers, si augustes soient-ils, vous ne vous traînerez plus à genoux vaincus par la terreur d'un Dieu, car vous saurez que c'est en vous-mêmes que vit ce Dieu.

« Et c'est ici la vraie religion, celle qui n'a pas besoin de ce mot pour être. Ne la nommez donc plus ainsi puisque après tant d'autres, au cours des siècles, ce mot pour beaucoup d'hommes a perdu son sens.

« Trop de choses l'ont déshonoré ; mais ce qui est éternel demeure et c'est le lien qui unit les hommes entre eux et tous les êtres au grand infini.

« Fortifiez ce lien mais n'en faites point une chaîne ; qu'il soit fait d'amour et non de contrainte ; que chacun en soit le gardien en soi-même et parmi les siens.

« Ainsi tout homme sera le prêtre et nul ne fera plus métier de choses saintes ; car échanger ces choses pour de l'argent c'est les corrompre.

« Certes il est une hiérarchie de l'intelligence, du savoir, de l'expérience, il est des guides et des instructeurs nécessaires.

« Mais nul ne peut communier par le moyen des autres avec la source divine des choses, car elle est en lui.

« Même le plus petit, s'il pratique le « connais-toi », peut prendre conscience des lois suprêmes, car dans son moi tout l'univers se réfléchit et le Dieu qui est dans tous les êtres y réside.

« Voici : sur toute l'étendue de la terre et même en chaque race, en chaque peuple, en chaque famille parfois, les hommes ont été séparés par leurs dieux ; mais il est une pensée de Dieu qui peut les unir tous, croyants et incroyants, c'est la pensée du Dieu qui est en tous.

« Elle contient en elle toutes celles dont ils ont besoin. Elle est le rapport qui renferme en lui tous les autres, la base sur laquelle tous peuvent bâtir ; et rien ne peut durer qui se bâtit ailleurs que sur elle.

« Vous vous affligez parce que vos lois arbitraires sont ébranlées, parce que les règles vieillies de ce que vous nommez la morale ont perdu leur autorité. Ah ! comme il faudrait se réjouir, au contraire, si tout cela s'évanouissait pour que seule puisse régner désormais la Loi qui est en tous.

« Enfants, si vous voulez être vraiment des hommes, apprenez cette loi qui vous affranchira de toute autre. Elle est à la fois souveraine et douce ; nulle volonté ne prévaut contre elle car elle est le vouloir de la vie profonde.

« Et tout le grand art de vivre, toute la science de la beauté se résume en ses quatre vœux.

« Voici les quatre vœux de la bonne loi :

« Que chacun découvre en soi-même le Dieu qui est en tous.

« Qu'en s'unissant à Lui il s'unifie lui-même.

« Que tous soient un comme Il est un.

« Afin qu'ainsi soit manifesté le Dieu qui est en tous.

« Mais de même que toute vérité se résume en celle de l'unité, de même toutes les erreurs se résument en celle de la division.

« Les hommes n'ont si soif des êtres et des choses que parce qu'ils s'en croient séparés. Et de toute la force de leur désir, ils attirent à eux ce qui les entoure. Mais comment ce désir serait-il satisfait, car il croît sans cesse, et c'est tout l'univers qu'il voudrait étreindre.

« S'ils comprenaient que leur vie est une avec la vie même de l'univers, toute leur soif serait apaisée.

« Autrement il n'est point de terme à la souffrance. Car c'est de cette erreur que naît la souffrance.

« Tu veux être heureux : tu sais que les hommes ont droit au bonheur. Mais ce n'est point séparément, c'est tous ensemble qu'ils y ont droit. Et quand ils se séparent, quand chacun d'eux cherche à le conquérir pour lui seul, alors il n'existe plus pour aucun.

« Ainsi ton bonheur dépend de celui que tu donnes aux autres. Travaille à le rendre parfait pour tous, afin qu'il le devienne pour toi.

« Travaille surtout à te rendre parfait toi-même ; purifie en toi cette substance commune à tous qu'à chaque instant tu échanges avec les autres. Et dis-toi que chaque progrès que tu fais permet à quelqu'un sur la terre un effort de moins, un progrès de plus.

« Chaque pas que tu fais vers la perfection efface une souffrance, prépare le bonheur de tous.

« Car la loi du bonheur se confond avec celle de la perfection.

« Et comme il y a quatre vœux de la vie

profonde, il y a aussi quatre obstacles à la perfection.

« Voici les quatre obstacles et les quatre libérations :

« C'est d'abord l'obstacle des choses.

« Ce que tu crois posséder t'enchaîne. Quand tu dis : ceci m'appartient, tu t'en rends esclave.

« Ne t'attache donc pas toi-même à cet esclavage des choses. Et si quelques-unes te sont confiées, emploie-les pour le bien de tous.

« C'est aussi l'obstacle des sensations, car elles te trompent. Elles sont les volontés du dehors qui, pour te gouverner, usurpent l'apparence de ta volonté propre. Elles sont le peuple en révolte qu'il te faut soumettre. Entre en conquérant dans leur ville et redeviens le roi de ton propre royaume après en avoir chassé les tyrans.

« Et c'est encore l'obstacle des sentiments.

« Prends garde d'y broncher sans même l'apercevoir, car beaucoup l'ignorent.

« Tu aimes chacun non selon son besoin mais selon le tien, et ainsi tu ne peux l'aimer comme il doit l'être. Tu connais l'amour qui réclame : il te faut apprendre l'amour qui se donne. Alors tout homme te deviendra proche. Mais ton père, ta mère, tes frères, tes sœurs seront ceux-là seuls qui font avec toi l'œuvre magnifique.

« Enfin l'obstacle de la pensée.

« C'est de lui que viennent les autres, mais ce sont les autres qui le font si grand.

« Il est l'écran placé entre tes yeux et la lumière. Et ta pensée au lieu d'être un reflet de cette lumière, n'est qu'une ombre mouvante en toi de tout ce qui passe.

« Si tu veux t'affranchir de toute obscurité, ôte ces barrières que sont les préférences de ta pensée, car plus que les désirs des sens et du cœur elles t'emprisonnent.

« Pour cela, n'aie point honte de reconnaître que tu t'es trompé ; renonce à ton erreur, ainsi tu détruiras un ange des ténèbres.

« Ceux qui ont surmonté les trois premiers obstacles on les nomme saints, mais seul celui qui a su vaincre la quatrième en lui peut s'appeler sage.

« Le sage est celui qui édifie son être comme une pyramide à la base carrée et qui, s'étant ainsi unifié soi-même, peut devenir l'un des serviteurs de l'unité sur la terre.

« Cette unité il la voit partout sous les apparences des choses, et partout dans leur désordre il la réalise.

« Il la voit à travers même ce qui divise le plus les hommes, à travers leurs symboles et leurs traditions ; là où les autres ne voient que des formes, il sait regarder l'âme, toujours identique, des pensées que traduit la diversité de leurs langues.

« Enfant, deviens ce sage, et tu auras l'intelligence des langues et tu auras l'intelligence des choses ; il n'en sera plus pour toi de cachées. Tu sauras que si les profondeurs de la réalité sont multiples, son essence est une ; que les mondes qui semblent fermés l'un pour l'autre communient entre eux et que rien ne sépare les cieux de la terre.

« Ainsi tu connaîtras les compagnons mystérieux qui se tiennent auprès de toi, les amis ou les tentateurs que chacun attire selon sa pensée. Et tu converseras avec les dieux mêmes, car les dieux se réunissent parfois autour du sage pour l'écouter.

« Sois ce sage et tu contempleras l'unité dans les êtres qui se succèdent au cours des générations, le long de la chaîne ininterrompue des vivants. Tu sauras qu'à cette chaîne qui se déroule et dont les maillons s'engendrent l'un l'autre, il n'est point de rupture pas plus qu'il n'est de fin ni de commencement.

« Ainsi tu connaîtras l'unité des vivants et des morts, car tous vivent. Et tu ne sauras plus où placer la mort dans cette perpétuelle résurrection de la vie. Car sous ses formes changeantes à l'infini, c'est toujours la même substance qui se perfectionne, la même pensée qui se développe, la même vie qui tend vers ses fins éternelles.

« Devenu conscient de ces fins en toi-même, tu participeras à la joie des noces universelles. Car tout dans l'univers célèbre une union qui s'accomplit. Elle s'accomplit entre les ineffables puissances et les essences impensables. Et les principes opposés, les êtres complémentaires renouvellent partout le mystère d'amour.

« C'est pourquoi sainte est l'union de l'homme et de la femme en chaque famille terrestre. Et chaque fois qu'en nos demeures un couple humain la sanctifie, il ajoute à la joie et à la perfection des noces éternelles.

« Sainte est cette union plus que la solitude, car être seul c'est peut-être s'unifier plus facilement, mais n'être qu'un n'est pas réaliser l'unité véritable.

« Dans leur profonde et pure union, l'époux et l'épouse sont le symbole humain de l'indivisible dualité créatrice.

« Et ce n'est point seulement entre les principes égaux que l'universelle union s'accomplit. C'est entre les choses qui sont en haut et celles qui sont en bas, entre les suprêmes rayonnements et les plus obscures plasticités.

« C'est pourquoi parmi nous, en toute cité, l'effort vers le progrès consiste à unir dans la même solidarité, pour que chacun donne à son frère ce qui lui manque, ceux qui savent et ceux qui cherchent, ceux qui possèdent et ceux qui manquent de tout, les maîtres et les serviteurs, les plus grands et les plus petits.

« Si donc tu veux être parfait, réalise ta perfection dans la bienveillance. Et, par ton exemple, apprends à tous, savants et ignorants, ce qu'ils doivent être ; apprends à chacun à se faire petit pour devenir grand, à se rendre maître de lui-même et serviteur de tous ses frères. Qu'auprès de toi les riches se sentent pauvres et que les pauvres soient enrichis.

« Ainsi tu les rapprocheras les uns des autres. Et leurs cités en se faisant pour tous fraternelles s'uniront aussi et deviendront sœurs.

« Comme tous les mondes, toutes les constellations de l'espace ne sont que les cellules et les organes d'un seul corps, de même sur la terre les peuples, les races ne sont que les fragments et les membres du corps de l'humanité.

« Vivre, pour les nations, ce n'est point rester étrangères les unes aux autres. Et c'est pourquoi les unes après les autres elles meurent. Mais l'humanité peut vaincre cette mort des peuples et des empires, et naître à l'immortalité en devenant une. Nul ne sait encore, parmi les hommes, ce que sera la vie de la terre lorsque les membres dispersés de l'être total seront joints et lorsque l'Occident et l'Orient, ces deux moitiés qui sont faites l'une pour l'autre, car chacune a ce qui manque à l'autre, s'uniront comme l'époux s'unit à l'épouse.

« Alors, l'humanité terrestre consciente de ses destinées glorieuses, prendra sa place dans l'universelle unité.

« Seul le sage peut pressentir quelles fécondités d'amour, de lumière et de vie se répandront à travers le monde quand ces choses seront accomplies.

« Sois ce sage. Et dans tes contemplations d'avenir tu goûteras déjà les béatitudes promises, et tu hâteras la venue des jours attendus par tes œuvres de chaque jour.

« En attendant, tu porteras en toi et sur toi la souffrance du monde, mais tu apprendras à tous, même au plus meurtri, l'allégresse d'être et de participer à la vie infinie, éternelle qui monte à travers sa douleur vers les béatitudes de sa perfection.

« Pour être ce sage, n'attends pas d'un autre que de toi-même la réalisation de ton propre idéal, et n'écoute pas d'autre voix que celle qui est vivante en toi.

« Même le plus grand des dieux du cosmos ne peut t'instruire autant que le silence parfait de ton âme, car ce silence est fait de la pensée du Dieu qui est en toi.

« Exprime la pensée suprême, rédemptrice des mondes matériels. Elle monte des profondeurs cherchant une voix pour remplir les cieux et la terre, pour dire à tous : « Voici, je suis en chaque être et en toute chose. » Qu'en chaque atome de la matière les hommes reconnaissent la divine pensée qui l'habite ; qu'en chaque créature vivante ils aperçoivent l'ébauche d'un geste divin ; qu'en chaque homme son frère sache voir le Dieu.

« Alors l'aube naîtra chassant les ténèbres, les mensonges, les ignorances, les fautes et les douleurs : l'aube du temps qui jamais ne fut.

« Et dis à tous que c'est maintenant qu'il peut être..... »

Ainsi parle l'Élu, le pasteur des peuples. Et beaucoup demandent encore : où est-il ?

Il est parmi ceux non pas qui l'attendent ou qui le cherchent, mais qui, sans le connaître, le suivent.

A tous soit la Paix. Mais à ceux-ci, la Plénitude.

Fin

TABLE ANALYTIQUE DES MATIÈRES

INTRODUCTION

Pages

Vers la lumière. — Les formes progressives de la connaissance. — Les deux chemins de la pensée : expérimentation rationnelle et expérience mystique. — La méthode de connaissance intégrale : synthèse du réalisme intuitif. — Les conditions essentielles de la croissance intellectuelle. — L'impersonnalité mentale. — L'idée pure et ses apparences. — Application de la méthode synthétique à l'étude de la notion fondamentale de Dieu. — L'importance de cette notion, formule des rapports suprêmes. — Le renouvellement nécessaire des assises de la pensée . .   3

PREMIÈRE PARTIE

I

Le Dieu des Bêtes

Les équivalents de la notion de Dieu chez les animaux. — L'idée du maître chez nos familiers. — Dévotion et athéisme des bêtes. — Le génie de l'espèce 31

II

L'Impensable divin

La théologie du plus grand. — L'idée du créateur et celle de l'incréé. — La vie créatrice 37
L'infini des valeurs croissantes et des relativités progressives. — Les marges de l'inconnaissable. 41
L'impersonnel divin et l'essence impensable. — Le moi inconnu. 46
Les vaines adorations. — Le choix d'un Dieu. 51

III

Les Dieux de la nature

Le berceau des Dieux. — Le fétichisme des sauvages et celui des civilisés. — Les courbes ethniques 55
L'origine des religions. — Le culte moderne des forces de la nature. — Les forces vivantes. — Science et pensée. 60
La personnification de l'Impersonnel. — Personnes et choses. — Les puissances inconnues. 66
L'identité et la substance.—L'unité de tout et de tous. — La communion de l'être et de l'univers 70

IV

Les Dieux privés

Les ordres transcendants de la réalité. — Les milieux substantiels. — L'espace mental. — Lumière et pensée. — La pensée formatrice 72
L'idée force et ses formes. — L'idéal subjectif et ses constructions objectives. — Les petits dieux et leurs destinées. . . 81

V

Les Dieux de la foule

La pensée collective. — Sa puissance et ses effets. — Le mécanisme de ses formations. — Les dieux que crée l'homme. — Entités vivantes et divinités nationales. Leurs caractères. — La personnification future de l'humanité 87

L'inconscience de la pensée collective. — Elle crée quand elle croit. — L'origine mythique des divinités populaires. — Dieux célibataires et couples divins. — Leur sens symbolique. 96

VI

Les Dieux solitaires

Le prophète et son Dieu. — La naissance du dieu. — Sa nature. — Le monothéisme et la pluralité de ses Dieux. — Leurs combats pour la suprême domination. — La mort des Dieux. — L'athéisme du sage. 103

VII

Les Dieux de proie

Les Dieux que n'a pas formés l'homme. — Force, substance et formes. — Les corporéités invisibles. — La beauté des Dieux 113

Les rois de l'éther. — Leurs rapports avec l'homme et les divinités artificielles. — La conversion des Dieux. 118

Primauté de l'ordre terrestre. — Le bonheur des Dieux. — Leur despotisme. — Son utilité 124

L'exploration du grand mystère. — La divine fascination. — L'affranchi des Dieux. 131

Ordre divin et social. — La morale de la soumission. — Les Dieux arbitraires et le règne de l'harmonie 134

L'union des croyants et le complot des Dieux. — L'homme et ses adversaires. . . . 140

VIII

Le Dieu des Dieux

Par-dessus la cité des dieux. — L'innomable 147

Son dessein. — Son œuvre. — Sa ruse. . 151
Le Dieu de la Mort 154
Ceux qu'il trompe. — Les signes qui ne trompent pas. 155
La règle d'or du discernement. — La loi des Dieux et la loi de l'Amour qui est Dieu 160

IX

Le Pourquoi des Dieux

Le problème du mal. — Pourquoi le désordre. 163
Le désordre de l'évolution. — Les relativités. — Classification dans le temps. — Classification dans l'espace. — Chute et matière. 166
L'origine du désordre. — Conception réaliste de l'univers. — Les éternels complémentaires. — Leur union génératrice. . 171
Désordre relatif et désordre positif. — L'accident cosmique. — L'inconditionné. — La manifestation progressive des désaccords originels. — La rédemption de la matière 174
Le conflit de l'être et du devenir. — La

fixité. — L'harmonisation progressive. — Les trois phases : le chaos, le règne des dieux, la libre harmonie 178

DEUXIÈME PARTIE

I

L'essence divine

Les principes essentiels : amour, lumière et vie. — Leurs rapports entre eux. — Les profondeurs cosmiques 187
Le devenir divin 192

II

Les aspects divins

La Cause des causes et l'Être des êtres. — Le culte de l'origine : le père et la mère. — Les ancêtres. — L'éternel présent. — L'origine en nous 195
Le culte de l'infini. — Les cercles successifs. — Leur centre duel. — La présence intérieure. 202

III
Les noms divins

Le nom de Dieu. — Les noms anciens et leursymbolisme. — L'inexprimable. — Le signe divin 207

IV
Les hiérarchies de l'être

Êtres et mondes. — Individualisation de l'impersonnel. — Evolution et création . . 215
La formation. — Les Formateurs. — Le Verbe 221
Aperçus cosmogoniques. — La genèse des mondes. — L'œuvre des hiérarchies. . 224
Le désordre des sphères. — L'harmonie ancienne. — Sa restauration 230

V
Les Grands Serviteurs

Les fils de l'ordre et leurs victoires. — Le royaume des Dieux arbitraires ; Ses avenues intérieures. 235

Le champ des passions. — Le lieu du conflit.
— La Terre. — Les conquêtes de l'invisible 242

VI

Les Dieux terrestres

Les vrais Dieux sont parmi les hommes. —
   Les hommes divins. — Leur nature . . 247
Leurs œuvres cachées. — La tentation. —
   Le secret de la puissance. — Les rois d'unité. — Les rois de l'amour 258

VII

La grande Histoire

Histoire et légende. — Les cycles . . . 267
Les retours et les renouveaux. — Instructeurs
   et constructeurs. — La paix et l'épée. . 272
Histoire de la Vie. — Son but 276

VIII

L'Attendu

L'attente du grand Inconnu. — Les signes
   de sa venue. — Le Serviteur des serviteurs. — Les signes de sa personne . . 287
Le discours du Pasteur des hommes . . 297

MAYENNE, IMPRIMERIE CHARLES COLIN

LIBRAIRIE FISCHBACHER, 33, Rue de Seine, PARIS

L'Inquiétude religieuse du temps présent, par Paul Stapfer. In-12, 2ᵉ édition. 3 50

Le Bréviaire d'un panthéiste et le pessimisme héroïque, par Jean Lahor. In-12, 2ᵉ édition . . . . 3 »

Wu Wei. Fiction basée sur la philosophie de Lao-Tse, par Henri Borel. In-18. . . . . 2 »

A l'Unisson de l'infini, par R.-W. Trine. Traduit par Mᵐᵉ R.-M., 2ᵉ édition. In-12. . . . . 3 50

Le Mouvement religieux contemporain. Études de théologie et d'histoire, par MM. Ch. Wendte, Lhotzky, Harnack, Troeltsch, Jaegeh, Boros, R. Murri, etc. In-16 . . . . 2 50

Études françaises, par MM. Bonet-Maury, Roberty, W. Monod, P. Sabatier, etc. In-8°. . . . . 2 »

Sagesse et Volonté, par Georges Houdron. In-12 . . . . 2 »

L'orgueil de vivre. Citations extraites des œuvres des poètes et des philosophes, par Georges Houdron. In-18 . . . 3 »

Sciences et religions à travers les siècles, par Sylvain Pénisse. In-8. . . . . 7 50

De la science à la religion, par Louis de Soudak. In-12 . 2 50

L'évolution de la science et de la religion, par G.-E. Boxall. In-16 . . . . 3 50

L'Essence du christianisme. Seize conférences par Ad. Harnack. In-12 . . . . 3 50

Les religions d'autorité et la religion de l'esprit, par Aug. Sabatier. In-8°, 4ᵉ édition 7 50

Esquisse d'une philosophie de la religion d'après la psychologie et l'histoire, par Aug. Sabatier. In-8°, 9ᵉ édition . . . 7 50

Le croyant moderne, par A. Chavan. In-16 . . . . . . 3 50

Croyances, par Urbain Mengin. In-12, 2ᵉ édition 3 50

L'Univers, être vivant. La solution des problèmes de la matière et de la vie à l'aide de la biologie universelle, par M. Kuckuck. Grand in-8° . . . . 15 »

MAYENNE, IMPRIMERIE CHARLES COLIN

www.ingramcontent.com/pod-product-compliance
Lightning Source LLC
Chambersburg PA
CBHW060505170426
43199CB00011B/1330